小さな会社の人を育てる賃金制度のつくり方

「やる気のある社員」が辞めない
給与・賞与の決め方・変え方

山元浩二
日本人事経営研究室株式会社
代表取締役

日本実業出版社

はじめに

1．379万円
2．500万円
3．665万円
この3つは何の金額だと思いますか。

正解は、
1．従業員100人未満の中小企業の平均年収
2．従業員1000人以上の企業の平均年収
3．東証一部上場企業の平均年収
です。（国税庁　民間給与実態統計調査、東京商工リサーチ調査データより）
中小企業と東証一部上場企業では約1．8倍、286万円もの年収差があります。
ではなぜこんなに大きな差がついてしまうのでしょうか。
それは、**「稼ぐ力」＝生産性に大きな差があるからです。**

従業員一人当たりの労働生産性（年間平均）は、大企業が1，323万円、中小企業が553万円で、その差は実に約2・4倍となっています（2018年版「中小企業白書」より）。小さな会社は大企業に比べて、生産性が低いため人件費を上げたくても上げられないという現状があるのです。

私の使命は、この「小さな会社の生産性を上げる」ことです。

それが、本書のテーマでもある中小企業の賃金を着実にアップさせ、大企業に追いつくことにつながります。

私は、創業後約19年間、人材育成の仕組みづくりを通じて多くの中小企業の「稼ぐ力」を高めてきました。その結果、中小企業の生産性に限界をもたらしているもっとも大きな要因は、次の点だということがわかりました。

従業員100人未満の会社
「経営計画」と「人事評価制度」がない、または運用していない会社がほとんど
従業員1000人以上、東証一部企業
「経営計画」と「人事評価制度」が明確で、運用している会社がほとんど

本書の「賃金制度」も、この中小企業が抱える課題を解決するための仕組みのひとつとしてご紹介します。

しかし、ここで覚えておいていただきたいのが、**「賃金制度」は導入手順や使い方を誤ると、社員のモチベーションを低下させ、ひいては「生産性」を下げる要因につながってしまう**危険性もはらんでいるということです。

「過去に取り組んだが、導入を断念してしまった」という方も多いのではないでしょうか。

その原因は2つあります。

本書を手に取ったあなたが、こうした失敗に陥らないために、ご説明しておきましょう。

1つは、会社の生産性向上に取り組む前に導入してしまうからです。

「賃金制度」は会社の人件費である給与や賞与を社員に配分するためのルールです。その配分のもととなる原資を確保し、さらに増やしていくには会社の生産性を上げていかなければなりません。

この「生産性を上げる仕組みづくり」を先に行なう必要があるのです。

これに取り組むことで社員は、

「この会社は発展し、自分の生活も安定するだろう」

「将来成長し、利益が出れば賃金に還元されるはずだ」

と実感できるようになるのです。


2つめは、給与や賞与の配分が公平に行なわれないからです。

1つめであげた賃金へ配分するための原資が十分確保できたとしても、その配分の過程で納得感が得られなければ、社員の不満につながってしまうことは容易に理解できるでしょう。

配分を決める起点となるのがリーダーの評価です。この「リーダーの評価スキル」が低いまま導入してしまうため逆効果となってしまうのです。

ここを十分対策することで社員は、

「給与を上げるためにどうすればよいかわかった」

「上司の成長支援のおかげで賃金アップできる」

と実感してくれるのです。

1つめの「生産性を上げる仕組み」が「経営計画」、
2つめの「リーダーの評価スキル」を磨くのが「評価制度」です。

つまり、「『経営計画』で会社が発展し、その中で自分自身も成長することで年収も上がっていく。そこへリーダーが適正に導いてくれる」という実感を社員全員がもてる組織とする必要があるのです。「賃金制度」を導入するのはこの後です。

こうした理想の組織を目指しながら「賃金制度」を導入できる「ビジョン実現型人事評価制度」という独自の仕組みを実践していただくことが本書の目的です。

仕組みどおりに導入、運用すれば必ず成果に結びつくことはお約束します。

「『賃金制度』を早く導入したい」という方にとっては、本書で指南する手順は少しもどかしく感じられるかもしれません。もちろん、「賃金制度」の部分のみを作成し、導入することも可能です。

しかし、社員の理解と共感を得、成長し続ける組織を実現しようとするのであれば、本書でご紹介する手順どおりに実践していただくほうが結果として近道になります。

実際に490社を超える中小企業で導入し、多くの中小企業の「稼ぐ力」を高め、成長に導いてきた独自の仕組みです。

あなたの立場や会社の現状によっては、今すぐ取り組めないものもあるかもしれません。

しかし、**「稼ぐ力」を高め、大企業に負けない生産性を目指すのであれば、本書は、心強い手引書となることは間違いない**でしょう。

2019年2月吉日

日本人事経営研究室株式会社　代表取締役　山元浩二

追伸

あくまでも本書は中小企業の社長や幹部の方向けに、できるだけわかりやすくシンプルに作成しました。専門用語は使わずに、人事評価制度の構築や運用の経験がない人でも理解できるよう工夫しました。

専門家や大手人事部の方の中には、物足りなさを感じる方がいらっしゃるかも知れません。ご了承ください。

Excelシートのダウンロード方法

本書の「賃金制度」を作成・運用するにあたって必要なExcelシートをダウンロードすることができます。

インターネットに接続し、アドレスバーに下記URLを入力するか、携帯電話でQRコードを読み込んでダウンロード専用ページを開き、必要事項をご入力のうえダウンロードボタンを押してください。

ご入力いただいたメールアドレスへExcelシートダウンロードURLをお送りします。

Excelシートのダウンロード専用ページURL

https://jinjiseido.com/form/download07.php

※URLの入力はすべて半角英数で行なってください
※ファイルを受け取るにはメールアドレスが必要です

ダウンロードできるExcelシート一覧

【1】賃金策定シート集

1．賃金テーブル作成シート
2．賃金シミュレーションシート
3．賞与ポイント表作成シート
4．賞与支給額算出シート
5．賞与支給額シミュレーション作成シート
6．年収シミュレーション作成シート

【2】「ビジョン実現シート」作成シート
【3】5ヵ年事業計画作成シート
【4】アクションプラン推進シート

※URL入力の際は、半角・全角等をご確認いただき、お間違いのないようご注意ください。
※本ダウンロードに関するお問合せは、日本人事経営研究室株式会社(info@jinjiseido.com)にお願いします。
※本ダウンロードサービスは予告なく内容を変更する場合がありますので、ご了承ください。

第1章 「賃金」は成長のバロメーター

第2章
小さな会社の「給与設計」4つのステップ

第3章 中小企業のための給与移行手順とノウハウ

第4章 社員のやる気を引き出す「賃金制度」運用のコツ

第5章
「賃金制度」で成果を出すために必要な5つのステージ

装　丁／菊池祐(ライラック)
DTP／ダーツ

第1章

「賃金」は成長のバロメーター

1

「賃金制度」は諸刃の剣

「賃金制度」の間違った考え方が組織力の低下を招く

本書を手に取ったあなたの目的はなんでしょうか。

・賃金に対する不満を「賃金制度」で解消したい
・賃金が原因で人が辞めているので「賃金制度」をつくって退職を防止したい
・「賃金制度」で社員のモチベーションをあげたい

このような自社の課題を解決したいという方が多いのではないでしょうか。

結論から申し上げますが、「賃金制度」改革でこれらの課題を解決することはできません。

それどころか、「賃金制度」の目的や役割を間違って改革に取り組んだために、逆に**賃金に対する不満が増大し、社員のモチベーションが下がり、優秀な人が辞めて、導入を断念してしまう**中小企業は後を絶ちません。

これは**「賃金制度」に対する〝3つの誤解〟**が原因です。

本章ではこの〝3つの誤解〟をくわしく解説します。

一方、「賃金制度」をうまく活用しながら正しく「人事評価制度」を運用すれば、**理想の人材が育ち、成長し続ける強い組織をつくることができます。**

本書の最終的なゴールはここにあります。

成長し続ける組織を確立するためには、「賃金制度」を設計する前に、「経営計画」と「評価制度」の仕組みを構築し、運用する必要があります。第5章でご説明いたしますが、まず「経営計画」で会社の将来像とそのプロセスを明確にし、これにそった人材育成を「評価制度」で行ないます。この中で、評価者であるリーダーが部下の貢献度を適正に評価し、会社が求める人材像に向けた育成ができるようにならなければ、人件費に大きく影響する「賃金制度」は導入できないのです。

それではここで、「賃金制度」を含む「人事評価制度」の全体像と役割を確認しておきましょう。

「人事評価制度」は3つの仕組みから構成されています（19ページ図1）。「評価制度」「賃金制度」「昇進昇格制度」です。

まず、「評価制度」にもとづいて給与や賞与を決定します（矢印①）。

また、昇進や昇格を評価結果にもとづいて検討、決定します（矢印②）。

そして、昇進昇格によって給与や賞与もアップすることになります（矢印③）。

この3つの仕組みがそろって、図1の矢印のようにそれぞれの結果を反映しながら運用することで、「人事評価制度」として機能します。つまり、「賃金制度」は「人事評価制度」の柱のひとつなのです。

本書では「給与制度」と「賞与支給基準」の2つを「賃金制度」と呼ぶことにします。そして、「月額の給与を決める仕組み」と「賞与の金額を決める仕組み」について、それぞれ解説します。設計方法から運用方法までを、**中小企業でも活用できるように具体的な事例やシミュレーションをご紹介しながら**お伝えしていきます。

「賃金制度」以外の仕組みは、拙著『図解 小さな会社は「経営計画」で人を育てなさい！』『図解 3ステップでできる！ 小さな会社の人を育てる「人事評価制度」のつくり方』（いずれもあさ出版）でくわしく解説していますので、こちらもあわせてご活用いただくことで組織力を確実に高めることができます。

社長や幹部、リーダーと共有して取り組むことで、改革の成果は確実に高まります。しっかり学んで制度の導入、運用に活かしていきましょう。

図1 ● 人事評価制度の構成

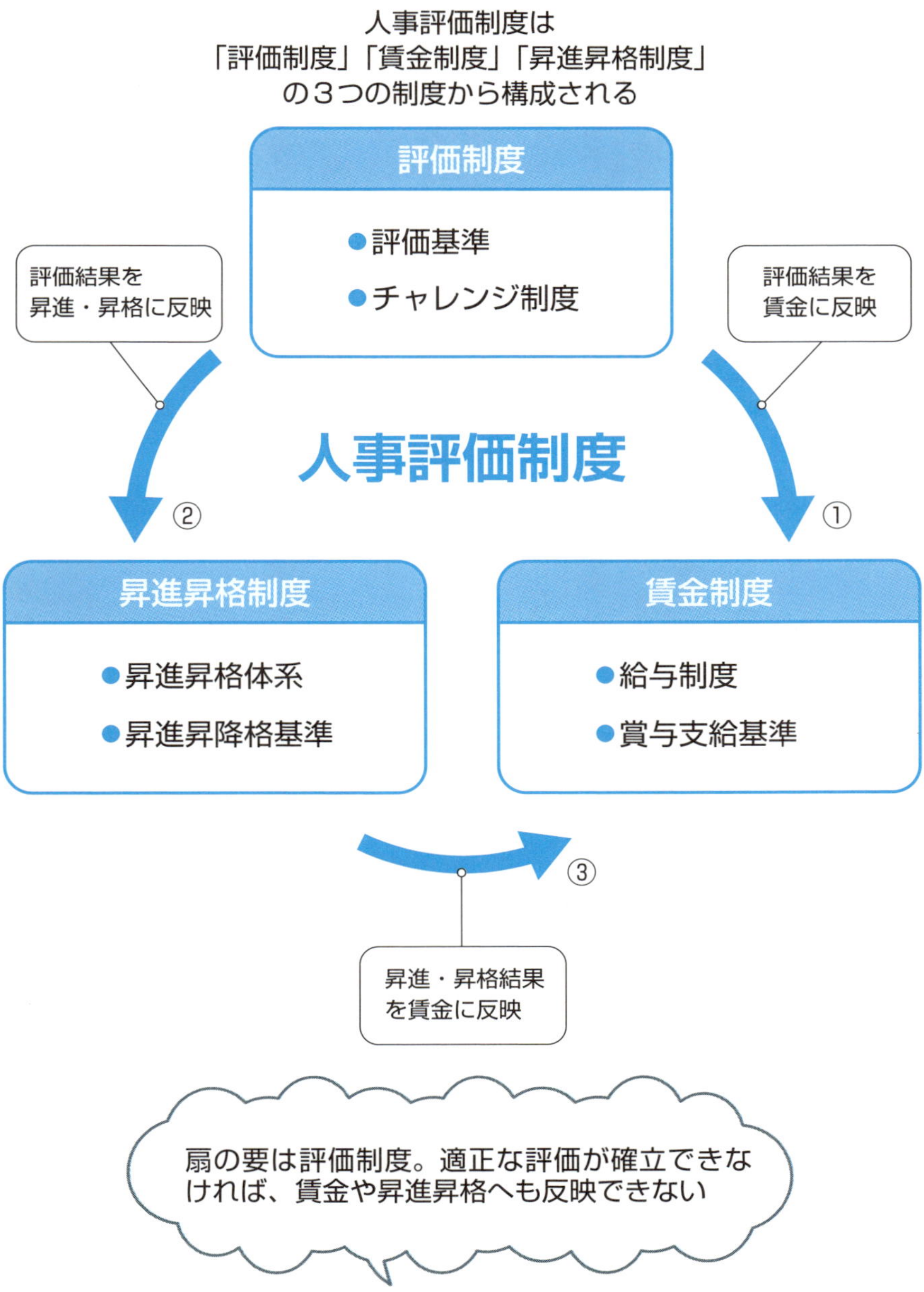
人事評価制度は
「評価制度」「賃金制度」「昇進昇格制度」
の3つの制度から構成される
評価制度
●評価基準
●チャレンジ制度
評価結果を
昇進・昇格に反映
評価結果を
賃金に反映
人事評価制度
②
①
昇進昇格制度
●昇進昇格体系
●昇進昇降格基準
賃金制度
●給与制度
●賞与支給基準
③
昇進・昇格結果
を賃金に反映
扇の要は評価制度。適正な評価が確立できなければ、賃金や昇進昇格へも反映できない

2

「賃金に対する不満は賃金制度で解決できる」というのは間違い

「賃金制度」の誤解　その1

「賃金制度」の設計や運用についてお話しする前に、「賃金制度」で成果を得るために重要な考え方を、社長が陥りがちな〝3つの誤解〟を紐解きながらお話ししましょう。

そのためには、まず私自身のしくじり体験からお話ししなければなりません。私が創業する前、まだかけだしコンサルタントだったころのできごとです。

社員三十数人のあるクライアントで、こんなことがありました。

その会社でのコンサルティングはスタートしたばかりで、「人事評価制度」の構築に取り組み始めた矢先のことです。

ある日、女性社員のAさんが社長室に突然入ってくるなりこう言ったのです。

「私の冬の賞与がBさんより低かったのですが、なぜでしょうか」

その質問に、社長は即答できませんでした。

Aさんは、入社5年目の女性で事務職の正社員。Bさんとは同期です。2人には、新入社員時代から夏冬合計8回の賞与で、まったく同じ金額を支給してきました。それを現場のリーダーの報告をもとに判断してはじめて差をつけた結果、このような〝事件〟が起きたのです。

いわば、「社長がえんぴつなめなめ」賞与を決めた結果起こった〝事件〟でした。

しかも、その金額の差は、わずか〝100円〟だったのです。

では、この〝事件〟を解決するためにはどうしたらよいでしょうか？

「賃金制度をつくって賞与の基準を明確にすること」でしょうか？

しかし、この考え方こそ「賃金の不満を増大させる」結果につながる危険性があるのです。

もっとも、Aさんのように社長に直接賞与や昇給について質問する社員は少ないものです。

Aさんの場合も、私が客観的な立場でコンサルタントとしてかかわっていたことが彼女の背中を押したのでしょう。しかし、なにも言わないから不満がないのかというと、実態は違います。

不満をもったまま社員同士で給与明細を見せあい、「どうせウチの会社は改革に取り組んでもいつも立ち消えになってしまうから」などと言いながら働き、限界を超えた時点で会社側には相談もせずに退職届が提出されるのです。

しかも、**優秀な若い社員から先に辞めていきます。**

重要なのは金額より評価結果

では、そうならないためにはどのような考え方でどこから手をつければよいのでしょうか。

それは、先ほどのAさんの言葉に答えが含まれています。

Aさんは、Bさんとの賞与額の差100円について、社長に質問してきました。

Aさんは賞与額の差、「100円」に不満や疑問があったのでしょうか。

そうではないことは容易に理解できます。金額面で100円程度の差があったとしても、それが原因でBさんはほしいものが買えて、Aさんは買えないなどと、生活面に差を生むことはないからです。

Aさん自身も、「……低かったのですが、なぜでしょうか」と社長に対して質問しています。

Aさんが知りたかったのは、「なぜ100円の差がついたのか」、その根拠です。

実際、私が直接Aさんに話を聞くと、「なぜ差がついたのか、自分の仕事のどこがBさんに劣っていたのかわからず、社長に聞くかどうか悩みながら悔しくて夜も寝られなかった」と打ち明けてくれました。

これに対して、賞与支給の基準を示し、「この賞与のルールにもとづいてあなたの賞与を決めた。ルールの上で100円の差をつけることになっているから差をつけた」と説明してもAさんは納得することはないでしょう。

もうおわかりでしょう。

まず手をつけるべきことは、Aさんに100円の差の根拠を「評価結果」ではっきり示し、納得してもらうことです。

つまり**「賃金に対する不満」を解消するには、「賃金制度（賞与支給基準）」ではなく「評価制度（評価とその納得度）」が必要**なのです。

ところが、賃金の不満に対しては「賃金制度」をつくれば解消できると考えてしまう。これが1つめの「賃金制度」に対する誤解です。

図2 ● “賃金に対する不満”は「賃金制度」だけでは解決できない

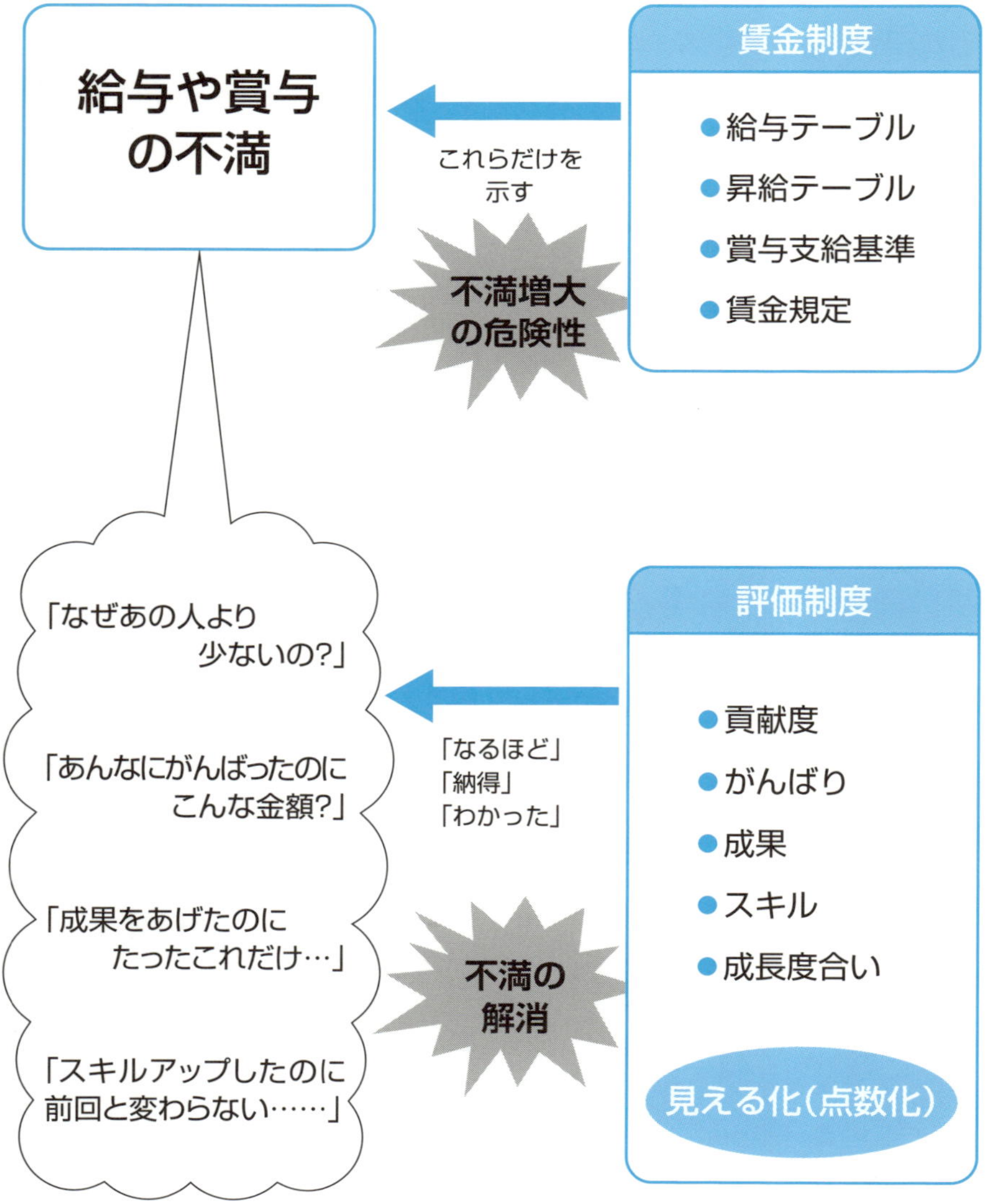

3 「社長がえんぴつをなめて賃金を決めるのはよくない」というのは間違い

「賃金制度」の誤解 その2

前項の事件のあと、私は「評価制度」の必要性を社長に訴え、理解してもらい、早速「評価基準」と「賞与支給基準」の設計に取り掛かりました。約3カ月で完成させ、評価者となるリーダーへ研修を行なったうえで社員全員の評価をしてもらい、なんとか次の賞与支給に間に合わせることができました。

評価結果も明確になったので、賞与額にもこれまで以上に差をつけて社長や幹部社員と確認し、支給しました。

私は、「これでAさんも納得してくれるだろう。ほかの社員さんたちも評価結果が明確になったうえで賞与額も決まっているので、きっと喜んでくれるはずだ」と期待していました。

ところが、結果は期待を大きく裏切るものでした。

多くの社員から、抑えきれないくらいの不満が噴出したのです。

その結果、社長の判断で評価制度と賞与支給基準の適用をやめることになってしまいました。原因を確かめるべく社員へのヒアリングなどを行なったところ、ほとんどの社員が自分の評価結果に納得できていませんでした。

また、それをもとに決まった賞与額も到底受け入れられなかったということがわかりました。評価結果に納得できない理由をあげてもらうと、次のようなものでした。

「自分の行なった仕事をきちんと見てくれていない」
「甘いC課長の部署にいる人たちはみんな評価が高い」
「勤務年数が長いだけで役職者となっているような人に評価されたくない」

つまり、評価者であるリーダーが、**適正に評価を行なえるスキルを身につけていない状態のまま評価を決め、賞与に反映してしまったことが原因**でした。

評価者を育てて賃金を決める

この事件をきっかけに私は、2つの仕組みを新たに導入しました。「トライアル評価」と「納得度アンケート」です。

まず、クライアントには「トライアル評価」を必ず行なってもらうことにしました。「トライアル評価」とは、評価者（リーダー）が部下を納得させ、やる気を引き出せる評価が行なえるようになるために実施する練習評価です。実際の評価基準にもとづいて、四半期ごとの評価期間を設けて面談や目標設定も行なってもらいます。

このトライアル評価を通じて、評価者を一定のレベルになるまで教育するのです。私のクライアントには、「トライアル評価」を基本的に最低3回は実施してもらっています。多いところでは、6回、7回と徹底して行なっている会社もあります。

そして被評価者の納得度をアンケートで見える化し、賃金に反映する本番評価に移行するタイミングを判断します。

「賃金制度」を導入する前に次の流れの2のステップをじっくり行なうのです。

1. 「評価制度」の設計、導入
2. 「評価制度」の運用を通じた評価者の教育（トライアル評価）
3. 「賃金制度」の構築、導入

2のステップで評価者＝リーダーが適正に評価ができるようになるまで、3のステップに進むべきではありません。これをスルーしてしまうと、前述のように社員の不満が噴出し、逆効果になってしまうからです。

私はこの実体験を通じて2のステップが完了するまでは、中小企業は**「社長の判断で賃金を決める」＝「社長がえんぴつをなめて賃金を決める」ほうが、社員の納得度は高い**ことを確信しました。

適正な評価ができないリーダーの評価
トップが決めた評価

あなたなら、どちらの評価で賃金を決めてほしいですか？

当然、トップが決めた評価結果ですよね。

ところが、「『社長がえんぴつをなめて』賃金を決めている状態はよくないから早く改善しなければ」と「人事評価制度」導入と同時にリーダーに評価をまかせ、その結果で賃金を決めたほうが社員の納得度が高まると考えてしまう。

これが2つめの「賃金制度」に対する誤解です。

図3●評価者が育つまでは「社長がえんぴつをなめて」賃金を決めたほうが納得度は高い

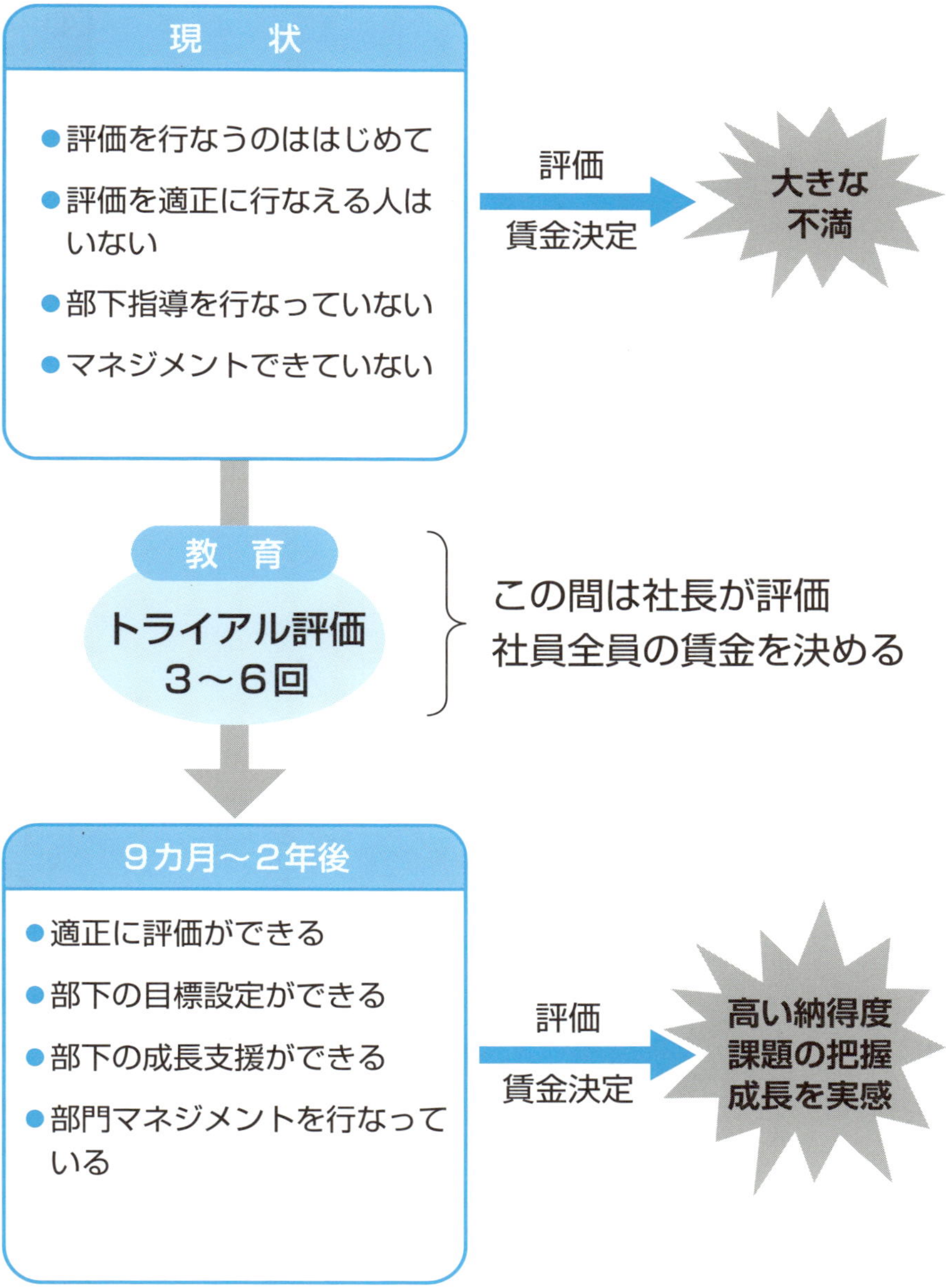
現　状
●評価を行なうのははじめて
●評価を適正に行なえる人はいない
●部下指導を行なっていない
●マネジメントできていない
評価
賃金決定
大きな不満
教　育
トライアル評価
3～6回
この間は社長が評価
社員全員の賃金を決める
9カ月～2年後
●適正に評価ができる
●部下の目標設定ができる
●部下の成長支援ができる
●部門マネジメントを行なっている
評価
賃金決定
高い納得度
課題の把握
成長を実感

4

「『賃金制度』で社員のモチベーションをあげることができる」は間違い

「賃金制度」の誤解　その3

「『賃金制度』で成果をあげた人とそうでない人の給与に格差をつけて、やる気を出させよう」と考える社長がいます。

結論から申し上げます。そのような考え方で「賃金制度」を導入するのは改めたほうがよいでしょう。理由は次の3つです

- **賃金によるモチベーションアップは一時的なもので終わってしまう**
- **お金で動く社員をつくってしまう**
- **モチベーションをあげるための要素は賃金以外のほうが多い**

それぞれご説明しましょう。

誰しも、賃金の額は、低いよりは高いほうがよいでしょう。当然、大きく昇給したとき、賞与額がアップしたときには社長に感謝し、やる気を出す社員が多いはずです。しかし、一旦もらってしまうとその額が当たり前になって、感謝とやる気が長続きしない人も多いものです。

たとえば、あなたの会社が決算期に利益が確保できたので、はじめて決算賞与を全社員に支給したとしましょう。社員は喜んでくれ、あなたも出したかいがあったと実感できるかもしれません。しかし、次の年度は業績が芳しくなく、目標の利益にはほど遠かったため決算賞与を支給しなかったらどういうことが起こると思いますか？

「今年は決算賞与が出なかったので、年収が減ってしまった」

「利益は出ているのになぜ決算賞与がないのか」

などの不満をもらす社員が大抵出てきてしまいます。

このように、**賃金によるモチベーションに対する効果は維持できない**場合が多いのです。

決算賞与を出したことがなかった時期と比較すると違いは明らかです。当時は、決算賞与は支給されない状態が当たり前だったので、不満をもらす社員は誰もいなかったはずです。

ということは、決算賞与に関心のなかった社員を、決算賞与を気にする人にしてしまったということになります。さらに、毎月の給与が大きく変動する仕組みなどを導入してしまうと、いつも給与を気にしてしまい、もっと高い賃金を出す会社があるとすぐそっちに行ってしまうという、**お金で動く社員をつくってしまう恐れもあるのです。**

こうした末路を見てきた私は、賃金で社員のモチベーションをあげようとする社長に対しては、「賃金以外で社員のやる気につながる要素を考えられませんか」とお尋ねしています。

「会社の理念やビジョンへの共感」「自己成長の実感」「目標達成の充実感」「良好な人間関係」「成果やスキルアップに対する称賛」「お客様からの感謝」「仕事を通じたまわりへの貢献」など、多くの要素が考えられるでしょう。

しかも、**これらの要素でモチベーションをあげる仕組みは、ほとんどお金をかけずにつくれる**のです。

賃金のみで高いモチベーションを維持しようとすると会社の利益を人件費に投じ続ける必要があります。原資が限られている中小企業では限界があるでしょう。つまり、「賃金」でやる気をあげようとしても、社員も組織も疲弊してしまうだけなのです。

ところが、「賃金制度」で社員のモチベーションがコントロールできると考えてしまう。

これが3つめの「賃金制度」に対する誤解です。

一方、「評価制度」を効果的に運用すれば、「目標達成の充実感」をもってもらいながら「成長を実感」でき、「仕事を通じた貢献度」を社員一人ひとりに伝えることができるのです。

さらに「経営計画」の作成と実践を通じて「会社の理念やビジョン」を社員と共有し、「お客様や社会への貢献度」をあげ、まわりの人たちが会社やそこで働いている社員を応援してくれる組織づくりをする。こうした取り組みを通じて**社員に働きがいをもってもらうことで、組織も発展していくのが、私がお伝えする「ビジョン実現型人事評価制度」**です。

図4●モチベーションは「賃金」ではなく「理念」や「評価」であげるほうがよい

賃金制度

賞与・昇給など
お金による
モチベーションアップ

- やる気は長続きしない
- 莫大な原資が必要
- お金で動く社員をつくってしまう

経営計画・評価制度

理念やビジョンへの共感
目標達成の充実感
成長の実感
表彰や賞賛に対する喜び
お客様や社会への貢献を実感

- お金をかけずにつくれる
- 仕事に対する充実感を得られる
- 働きがいをもって仕事に取り組む

↓

組織の成長・発展

5

「賃金」で社員の成長度を可視化する

「賃金制度」の本当の役割は、「貢献度」と「成長度」を見える化すること

ここまでで、中小企業が陥りがちな「賃金制度」に関する〝3つの誤解〟について解説してきました。

本書の冒頭の3つの課題、

・賃金に対する不満を「賃金制度」で解消したい
・賃金が原因で人が辞めているので「賃金制度」をつくって防止したい
・「賃金制度」で社員のモチベーションをあげたい

について、なぜ「賃金制度」だけで解決できないのかご理解いただけたと思います。

正しい対処法は**賃金に対する不満を「評価制度」で解消し、「経営計画」と「評価制度」で社員のモチベーションアップと成長をはかりながら働きがいを実感してもらえる組織づくりを推進する**ことです。

それでは、「賃金制度」は社員のモチベーションや組織の発展には関係ないのでしょうか？

もちろん、そんなことはありません。

では、「賃金制度」にはどのような役割があり、どういう効果が得られるのでしょうか。

「はじめに」で「ビジョン実現型人事評価制度」は「経営計画」の達成に向けてまい進できる人材を育て、成長し続ける強い組織をつくることが目的だとお伝えしました。

その中で、賃金の役割は2つあります。

ひとつは、「経営計画」に対する**社員の貢献度を金額にする**という役割です。社員がお客様や会社に対してどれだけ貢献したかが、評価結果で明確になります。この貢献度を金額にしたものが賃金だといえるでしょう。

もうひとつは、**社員の成長度を見える化する**役割です。のちほどくわしくご説明しますが、評価制度で「経営計画」の実現に向け社員を育成していきます。この評価を通じた一定期間の成長を昇給や賞与の増加額として社員に還元するのです。

いわば、**「賃金」は社員一人ひとりの〝成長のバロメーター〟**なのです。

図5●「賃金制度」で社員の「貢献度」と「成長度」を見える化

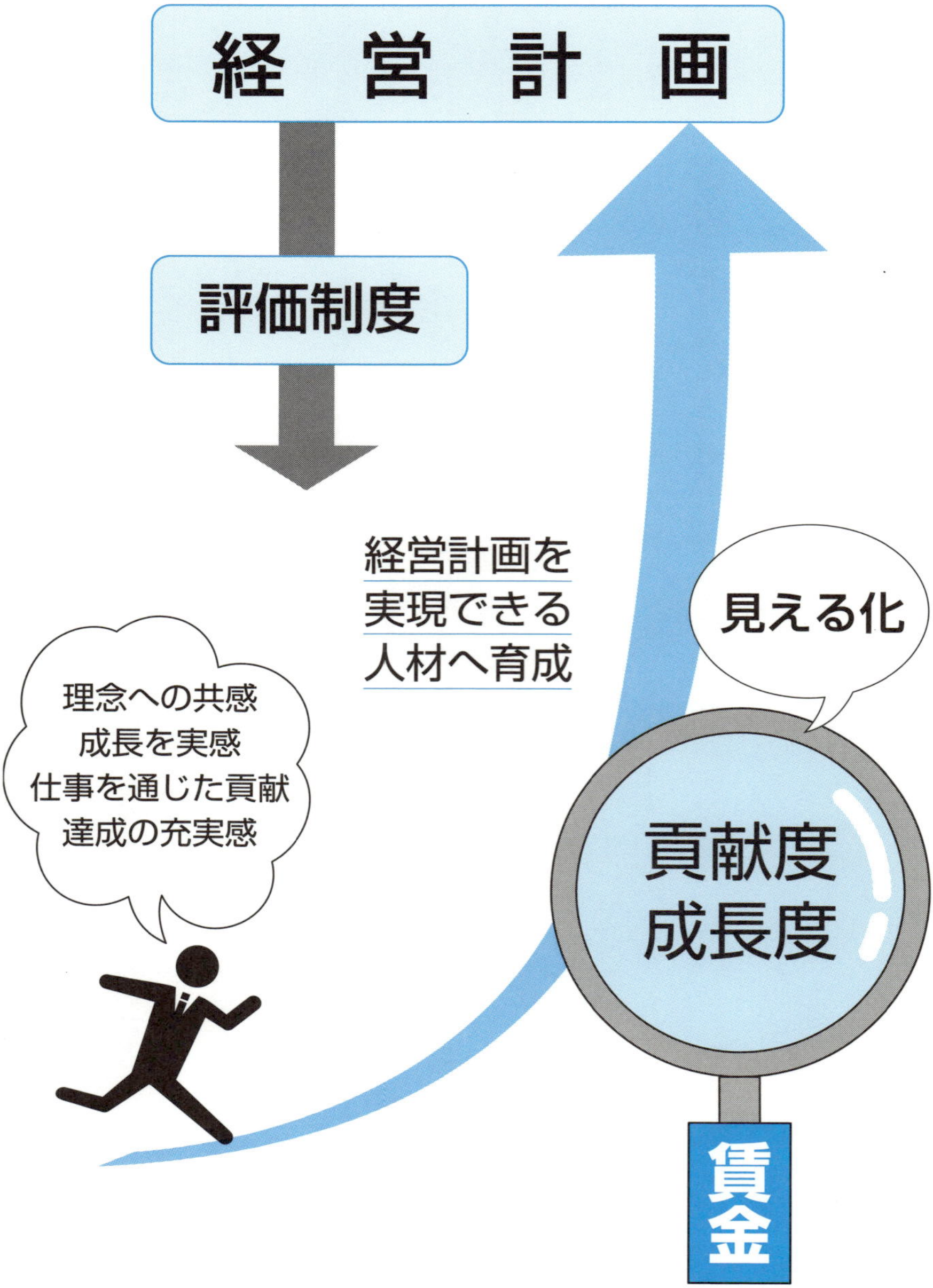

第2章

小さな会社の「給与設計」４つのステップ

1

ステップ1 「グレード」の段階数を決める

社員が将来のキャリアを描ける組織に

① 人材の成長のステップ、グレード数を設定する

それでは、「給与制度」の設計方法について解説していきましょう。

給与額やそのルールを決める前に、まず「グレード・レベル・イメージ」を作成します。「グレード・レベル・イメージ」とは、あなたの会社の社員を段階的に育成するためのステップを明確にしたものです。まずはグレードごとに求める仕事レベルを明確にしたうえで、それぞれのレベルに応じた給与の金額を決めていきます。

40～41ページに「グレード・レベル・イメージ」の事例を紹介していますので（図6）、ご覧ください。

「グレード・レベル・イメージ」を作成するときは次の2つの目的を意識してください。ひとつは社員の成長の質とスピードを高めること。もうひとつは、会社の5年後のビジョンと目

標が達成できる組織をつくることです。

まず、グレードの数を何段階にするかを決めます。といっても、グレード数をいきなり決めるのは難しいので、3つのステージごとにグレード数を考えていくとよいでしょう。

- ・S（スタッフ）ステージ　役職がない一般社員
- ・L（リーダー）ステージ　主任・係長などの管理職ではないリーダークラス
- ・M（マネジメント）ステージ　課長・部長などの管理職にあたるクラス

この3つのステージです。


繰り返しますが「グレード」は人材育成のためのステップです。そこで、次のような手順でグレードの数とそれぞれのグレードに求める仕事レベルを設定します。

まず社員の成長のプロセスを具体的にイメージし、そこにグレードを当てはめていきながら決めるといいでしょう。たとえばあなたの会社に新入社員が新卒で入社した場合、課長などのマネジメント層になるにはどのようなステップを踏んで成長していくのが理想でしょうか。その成長過程に求める仕事をイメージしながらまとめてみましょう。

	求められる仕事のレベル
	◆経営理念を部門全体へ、落とし込むことができる ◆会社および部門方針・部門目標の立案、浸透、落し込みと推進ができる ◆部門の業務進捗状況の把握・指導・管理ができる ◆将来のビジョンを構築し、環境変化に対応できる ◆顧客の信頼を獲得、業務の拡大を推進できる ◆部門の問題・課題を早期発見し、対策・解決を行ない、部門の業務の質を向上できる
	◆部署の戦略・アクションプランの立案ができる ◆部署のアクションプランの実行推進、進捗管理ができる ◆部署予算の把握、目標達成への指導ができる ◆部署の部下育成指導ができる ◆担当部署において問題等の対処、改善、業務の質を向上できる ◆担当部署のコスト管理ができる ◆コンプライアンスの把握・指導・徹底ができる
	◆グループの目標達成に向けて、的確なメンバーの指導とプロセス管理ができる ◆グループのアクションプランの実行推進、進捗管理がまかせられる ◆メンバーの育成をまかせられる ◆グループの課題を発見し、上司の支援を受けながら解決、改善できる
	◆基本業務については安心してまかせることができる ◆例外事項に臨機応変な対応ができる ◆担当業務の課題を発見し、改善に向けた具体策の提案ができる ◆後輩へアドバイスができる
	◆基本業務については独力でこなすことができる ◆自ら課題を発見し、上司の支援を受けながら改善・解決できる ◆困難な例外事項は、上司・先輩のサポートを受けながら処理できる
	◆上司の指示を受け、確認をもらいながら業務を進めることができる ◆報告・連絡を決められたとおりに行なうことができる

図6 グレード・レベル・イメージの事例

ステージ	グレード	役職	役割
マネジメントステージ	M2	部長	部門の統括責任者
	M1	課長	部署の統括責任者
リーダーステージ	L1	主任	担当グループリーダー
スタッフステージ	S3	一般社員	後輩へのアドバイザー
	S2		担当業務が一人前
	S1		指示業務の実行

【レベル1】

上司や先輩社員の指示にもとづいて、一つひとつ確認、チェックをしてもらいながら、業務をこなす状態

【レベル2】

配属された部署の基本的な業務の流れを理解し、担当する業務は一人でできる状態

【レベル3】

部署の業務はひととおり把握したうえで、部署やチームのことを配慮しながら仕事を進められる。業務上の課題発見、改善案などを上司に相談、提案ができる状態

【レベル4】

部署の中で成果を期待できる一人となっている。後輩へ業務上の指導・アドバイスを適切に行なえる状態

［レベル5］
チームやプロジェクトなどのリーダーとして、複数のメンバーをとりまとめて推進し、成果を期待できる。リーダーシップを発揮しはじめている状態

こうして、社員の成長イメージを描きながらグレードの段階数を決めていきます。自社の既存社員がどうやって成長してきたのか、また今後の目標を達成し、5年後、10年後のビジョンを実現するための人材づくりにはどういう段階を踏むのがふさわしいかをイメージしながら作成していきましょう。

検討すべき事項としては、たとえば、［レベル1］と［レベル2］は同じグレードとするのか、別のグレードとしたほうがよいのか。また、［レベル4］から役職を「主任」とし、リーダーステージとするのか、［レベル5］からにするのかなどがあるでしょう。
さらに、マネジメントステージになる前のリーダーステージでは、主任相当・係長相当という2つのグレードが必要なのか、主任相当の1つのグレードのみでよいのかなどもここで考えておきます。

図7●成長プロセスをもとにグレードを設定する

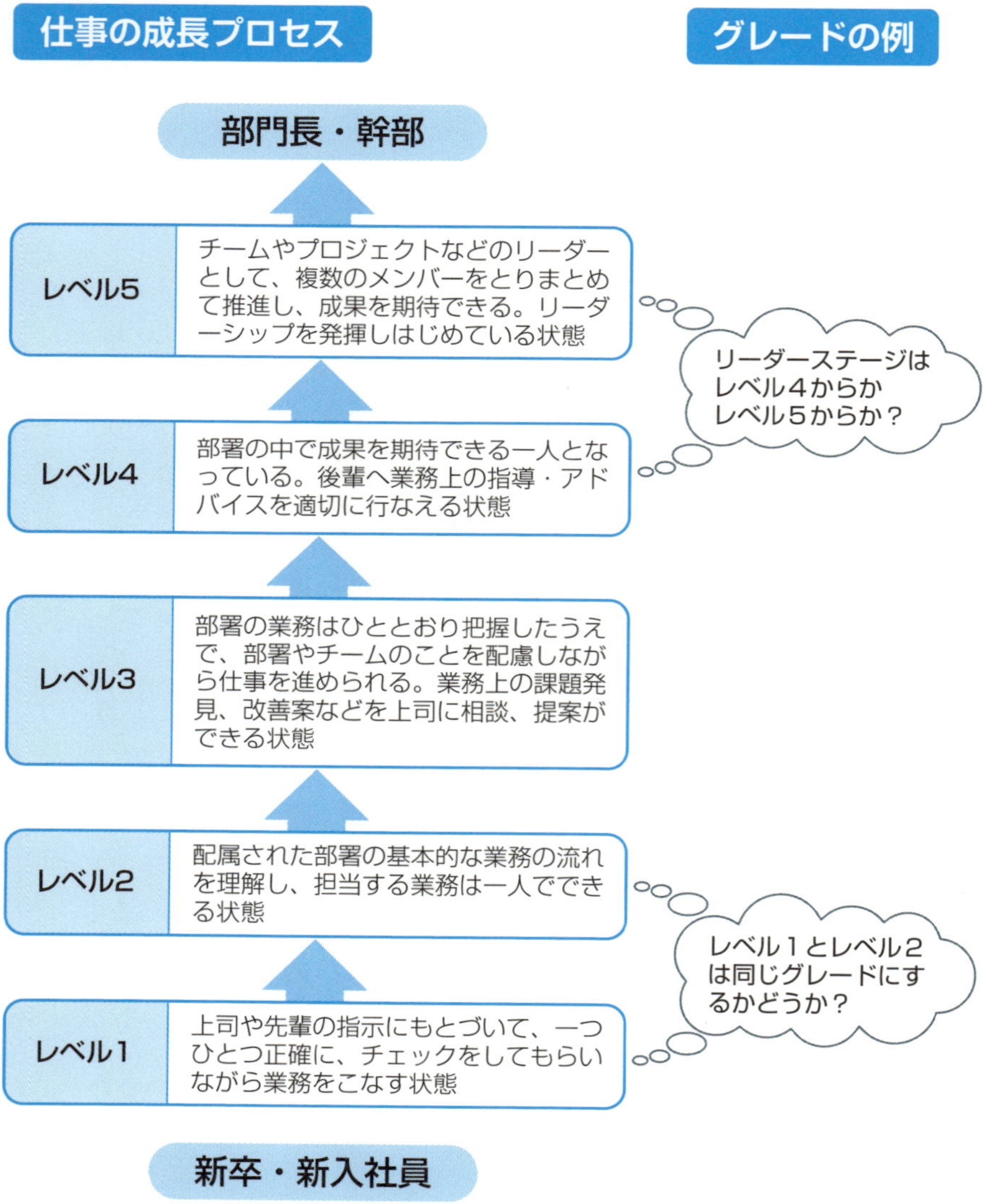

仕事の成長プロセス
グレードの例
部門長・幹部
レベル5
チームやプロジェクトなどのリーダーとして、複数のメンバーをとりまとめて推進し、成果を期待できる。リーダーシップを発揮しはじめている状態
リーダーステージはレベル4からかレベル5からか？
レベル4
部署の中で成果を期待できる一人となっている。後輩へ業務上の指導・アドバイスを適切に行なえる状態
レベル3
部署の業務はひととおり把握したうえで、部署やチームのことを配慮しながら仕事を進められる。業務上の課題発見、改善案などを上司に相談、提案ができる状態
レベル2
配属された部署の基本的な業務の流れを理解し、担当する業務は一人でできる状態
レベル1とレベル2は同じグレードにするかどうか？
レベル1
上司や先輩の指示にもとづいて、一つひとつ正確に、チェックをしてもらいながら業務をこなす状態
新卒・新入社員

新入社員からリーダー、部門長となるにはどのように仕事のレベルをステップアップしていけばよいのかを、グレード・レベルと紐づけて考えてみよう

②グレード数が多い場合と少ない場合のメリット・デメリット

グレードを作成する際に、よく出る質問が以下の2つです。

「グレードが多い場合と少ない場合のメリット・デメリットを教えてください」
「役職とグレードは運動（一致）させずに、個別に運用してもよいのではないでしょうか」

それぞれお答えしていきましょう。

グレードが1段階以上あがることを「昇格」といいます。会社が定める一定の基準を満たした社員は昇格し、給与もアップします。

グレード数が多いほうが、「昇格」の機会を増やすことができます。グレードに応じて給与の幅が決まりますから、グレードの数が多いということは**「昇格」したときの昇給幅が小さくなるため、「昇格」の基準をよりゆるやかに設定できます**。これを社員に対してアピールすれば、モチベーションにつなげることができます。

デメリットは逆です。

「昇格」に対するモチベーションはあがる一方で、**昇給額は少ないので、「金額面」がモチベーションをあげる要素にはなりにくい**ということになります。

グレード数が少ない場合、**昇格スピードは遅くなりますが、それを越えたときはより大きな達成感が得られます**。同時に**昇給額は大きく、金額面でもやる気につながる**でしょう。

また、「評価基準」の作成にもグレードの数が影響します。

「評価基準」では、評価項目ごとに、グレードに応じた仕事のレベルを文章で明確に表現します。そのため、グレードの数が多いほど、内容のボリュームが増え、作成に時間がかかることになります。また、そのレベルの差を社員にわかるよう表現するのも難しくなります。

グレードの数が少なければグレードごとのレベルは明示しやすく、評価基準の文字数も少なくなるため、作成にかかる時間も少なくて済みます。

ここまでお話ししたことは次ページにまとめていますので、参考にしてみてください。

繰り返しますが、「グレード」は、あなたの会社の社員育成のステップですから、理想の社員を育てやすい環境づくりが最優先です。それぞれのメリット・デメリットだけを考えてグレードの数を決めるべきではありませんが、頭に入れておくとよいでしょう。

図8 ● グレード数が多い場合と少ない場合のメリット・デメリット

■グレード数が多い

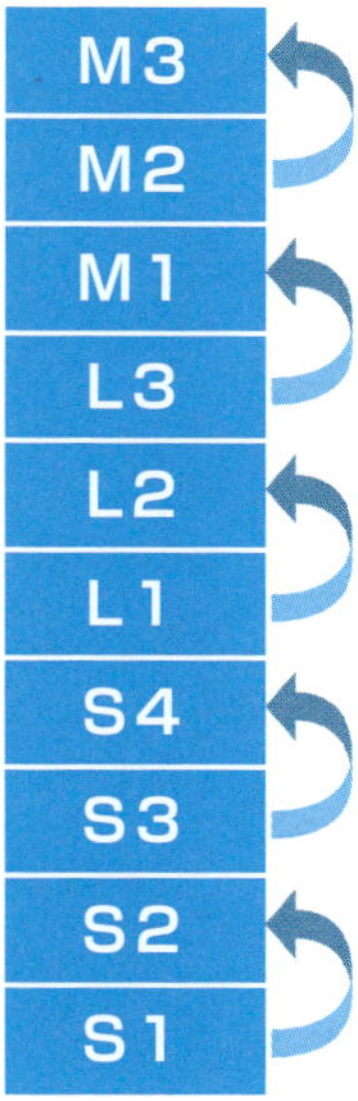

メリット	デメリット
● 各グレードの滞留年数が短く、昇格させやすい ● 昇格の機会が多く、やる気につながる	● 昇格時の昇給額が少ない ● グレード間のレベルの差を明確にするのが難しい ● 評価基準の作成に時間がかかる

■グレード数が少ない

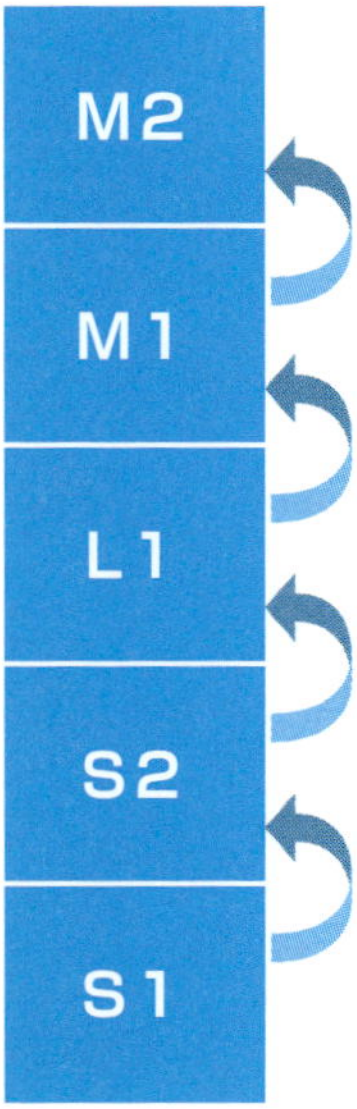

メリット	デメリット
● 昇格時の達成感は大きい ● 昇格したときの昇給額は大きい ● グレード間のレベルの差を明確にしやすい ● 評価基準が短時間で作成できる	● 昇格のハードルは高い

③ 社長の温情的な処遇は仕組みで排除しておく

次に役職とグレードを連動させるべきかどうかについてお答えします。具体的には、「M1グレード」であれば「課長」、「L1グレード」であれば「主任」というように固定したほうがよいのかということです。先に正解を申し上げると中小企業の場合、グレードと役職は一致させて運用するべきです。

そもそも「役職とグレードを個別に運用できないか」という質問は、社長が独断で決めてきたあいまいな処遇ができなくなることへの不安から出てきています。

「役職は与えられないが、グレードをあげることで昇給させてあげたい」

「本人の能力と実際やっている仕事内容は一般社員と変わらないにもかかわらず、役職を与えている社員を降格させたくない」

こうした社長の温情的な処遇を排除することにより、社員のモチベーションが下がるのではないかと経営者は気がかりなのです。

しかし、実際はグレードと役職を別々に運用することで生じる弊害のほうが大きいのです。

その弊害とは、次の3つです。

1 グレードの仕事レベルとは関係なく役職者が増える可能性がある

2 役職を与えなくても昇格させることができるので、上位グレードに低い役職者や役職のない者が昇格してしまう可能性がある

3 役職とグレードで別々の評価が必要になり、評価の決め方と賃金への反映方法が複雑になってしまう

1に関しては、グレードは人材の成長ステップです。本来は上位グレードに行くにしたがって、その社員がリーダーシップを発揮しながらマネジメントをできるようにならないと、組織としての成長がストップしてしまいます。ところが実際は、勤務年数が長い、あるいは年齢が高いというだけで役職を与えてしまっている中小企業が多いのです。その結果、部下育成力やマネジメント力の低い人が部門長を務めることになり、若い人材が育たずに辞めていくという現象につながってしまいます。

実はこれが、中小企業がある一定の規模から成長がストップしてしまう大きな要因となっています。

だからこそ、グレードと役職は一致させ、グレード・レベルの中にリーダーシップや部下育

成など、役職者として必要な要素を盛り込むことが大事です。そうすることで、そのスキルがない人の昇格はストップします。

現在の役職者に対してもあるべき姿と具体的な役割を求め、次のステージを目指せる組織づくりを推進しましょう。

2は逆に、役職を与えずに昇格させてしまうパターンです。こうした運用をすすめると次のような、いびつな組織ができあがってしまいます。

たとえば、本来Sステージのはずの一般職の社員が一般職のまま「L1」や「M1」に昇格したり、主任が「M1」まで昇格してしまうということが起こります。

このパターンも1と同じように、勤務年数や年齢を重ねただけの人や役職を与えるレベルではない人が昇格していくことになってしまいます。

若手のモチベーションの低下につながるのは明らかでしょう。

3についてもご説明しておきましょう。

役職には、「課長」なら「課長としての役割」、「主任」であれば「主任としての役割」があるはずです。

図9●グレードと役職を別々に運用する弊害

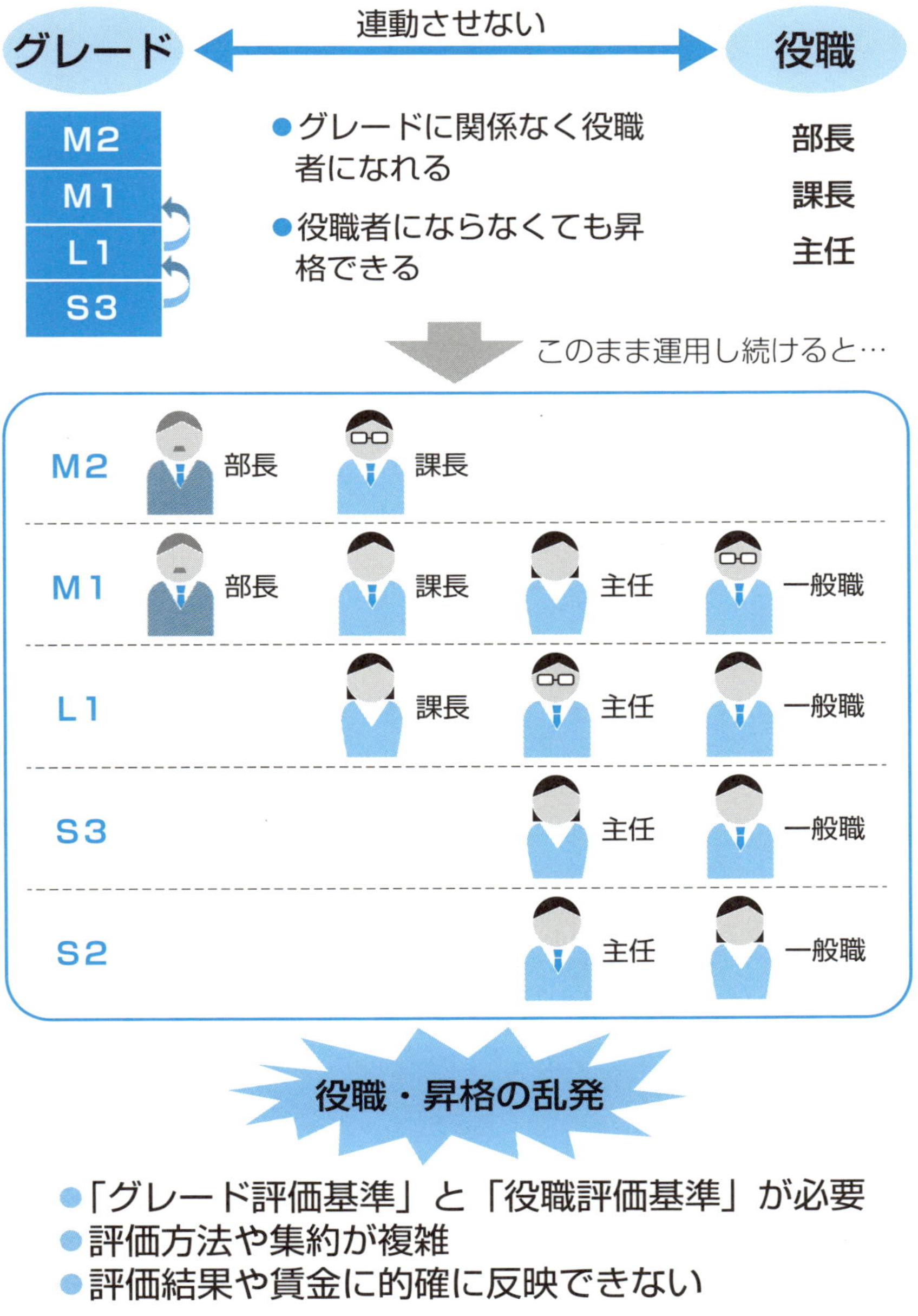

ということは、これから作成していく「賃金制度」で給与を決めるためには、その役職に対する実績を評価しなければなりません。

グレードと役職を別々に運用してしまうと、グレードに対する評価と役職に対する評価を行なう必要が出てきます。そうなってしまうと評価結果を別々に算出、集計したり、賃金や賞与に反映するルールをそれぞれ決めなければならなくなり、非常に複雑な仕組みになってしまいます。

中小企業は、複雑な体系にするより**シンプルなルールでわかりやすい体系にしておいたほうが社員の理解が進み、成果にもつながります**。

各グレードに対して役職は１つを基本とし、２つ以上のグレードに１つの役職をまたがらせたい場合は役職名を変えることをおすすめします。

また念のためお伝えしておきますが、部門や職種の違いから同一グレードに異なる２つ以上の役職が存在するのは問題ありません。Ｍ１グレードを「店長」「課長」とする場合などです。

図10●グレードと役職の連動で温情的な処遇を排除

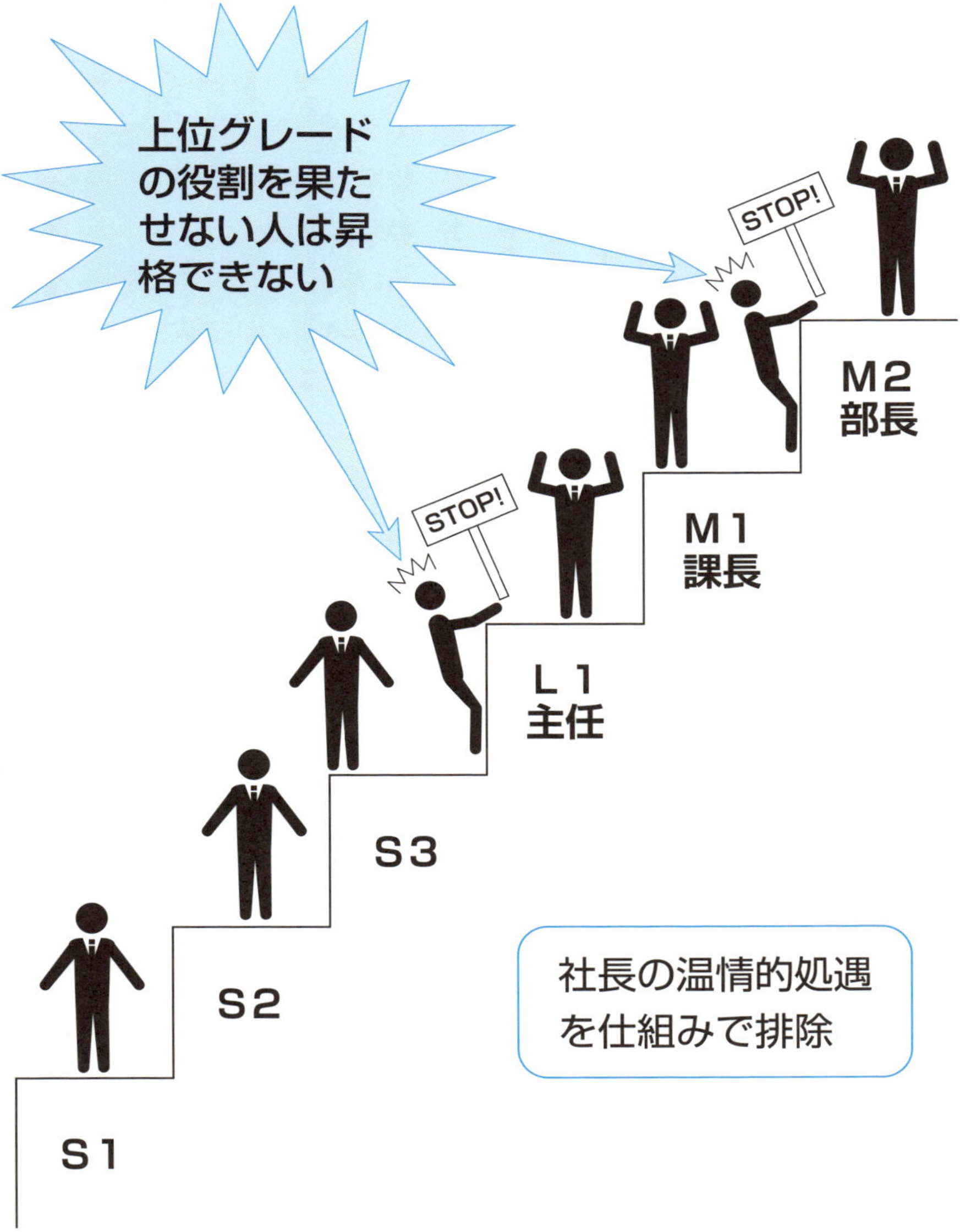

2

ステップ2　各「グレード」の給与を決める

まずグレードに応じた基準額を設定してみよう

①賃金の構成を理解する

いよいよ給与の金額を決めていきます。

その前に賃金全体の構成を確認しながら、給与体系について説明しておきましょう。次ページの**「賃金構成一覧表」**をご覧ください。

本書では「給与」と「賞与」について、支給のルールを決めるために必要な考え方と具体的な手法を解説していきます。

ただし、給与に関しては左図の「固定給」の部分のみです。

「所定外給与」に関しては、法で定められたルールがありますので本書では触れません。また「通勤手当」についても仕事の貢献度や評価とは関係ありませんので、対象外とします。そのほかの支給項目がある場合は、93ページにくわしく考え方を示していますので参考にしてください。

図11●賃金構成一覧表

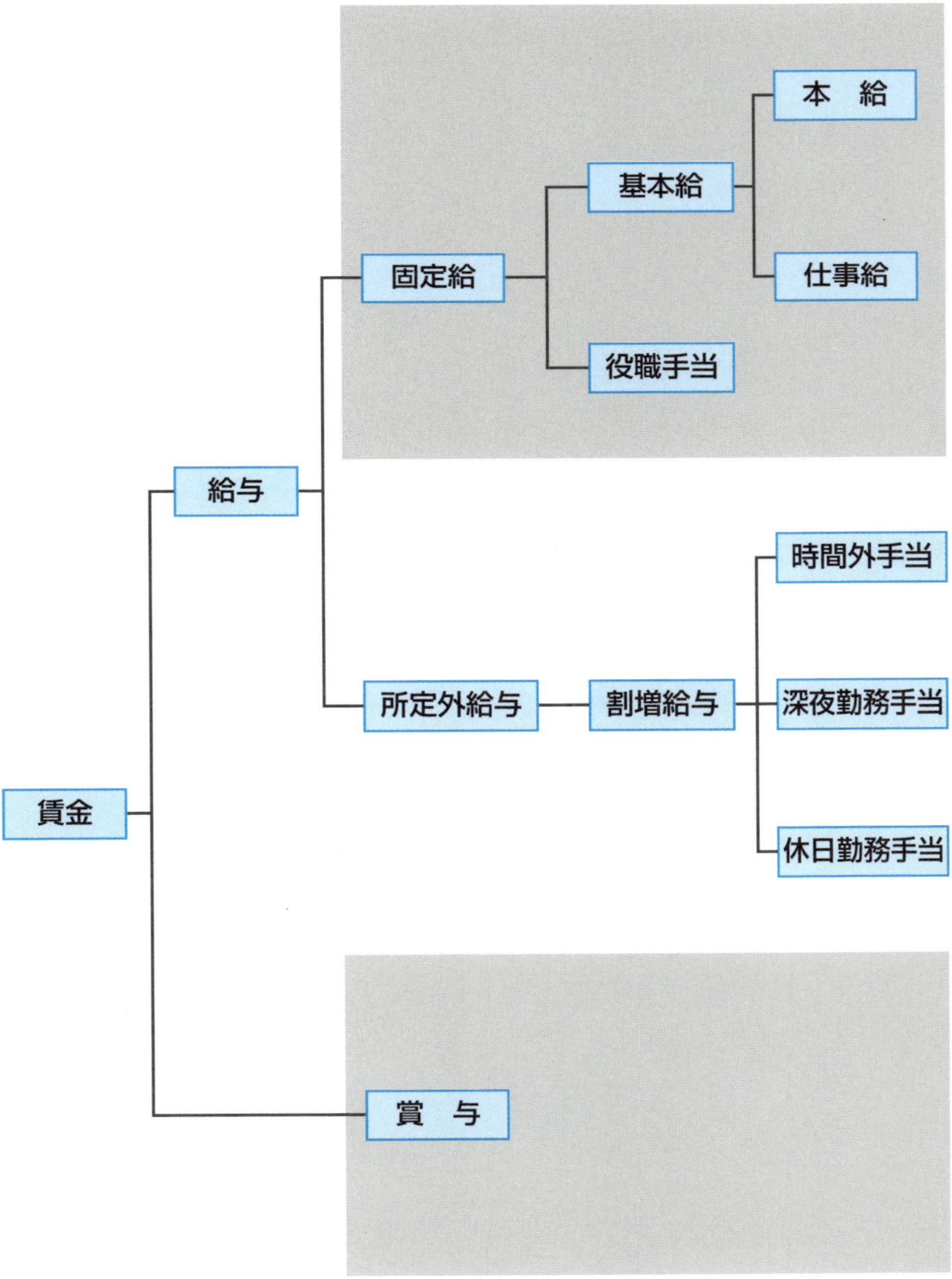

各名称についても本書では「賃金構成一覧表」に示したもので解説していきますので、あらかじめ確認しておいてください。

② 各グレードの標準金額をざっくり決める

給与はまず、各グレードの基準額から決めます。

方法としては、グレードごとに標準金額を設定していきます。

この段階では目安の金額を大まかに決めるイメージで、あまり悩まずに思いきって決めていきましょう。のちほどシミュレーションをしながら調整をしていきますので、現状の社員の金額は気にせずに、理想の金額にしていきます。

図12では、グレードを6段階としたパターンで実際に金額を決めてみました。考え方のポイントは、そのグレードや役職に求められる仕事に対する対価としてどのくらいの金額がふさわしいのかという点です。ここで、図6（40～41ページ）で決めた「グレード・レベル・イメージ」を活用します。

「各グレードの社員が、**グレード・レベル・イメージで求められる仕事レベルを遂行できたらいくらぐらいの給与にすべきか**」という視点で金額を考えるのです。

図12● グレードごとの標準金額と差額の例

（単位：円）

グレード	役職	標準金額	差額（対下位グレード）
M2	部長	500,000	100,000
M1	課長	400,000	80,000
L1	主任	320,000	60,000
S3	一般職	260,000	40,000
S2		220,000	30,000
S1		190,000	

上位グレードのほうが差額は大きくなる

各グレードの標準額ができたら、グレード間の金額の差額も出してみましょう。ちなみに上位グレードに行くほど差額が大きくなっていたほうが、この後の賃金テーブルを設計しやすくなります。

理由は2つあります。ひとつは、上位グレードに昇格あるいは昇進したほうが下位グレードで昇格するより大きな昇給額とできるからです。もうひとつは、上位職のほうが評価結果による差額を大きくしたいからです。

③ グレード別に賃金の範囲を決める

次に、グレードごとに賃金の上限と下限の金額を決めます。

前のステップでグレードの標準額が決まりました。しかし、このままでは同グレードの社員は全く同じ給与となってしまい、評価結果や実力による差をつけることができません。そこで、たとえばＬ１（主任）の最低額はいくらで最高額はいくらが妥当なのかという視点で金額を設定していきます。

具体的には、先ほど決めたグレードごとの標準額の上下に均等の金額で幅をつけていきます。

Ｌ１グレード、主任なら最低２９０、０００円くらいからだろう。そうすると標準額との差が30,000円なので、上限は350,000円としよう。という要領です。この同グレード内での差額も、前述したように上位グレードに行くほど大きくします。

なお、ここで設定する金額はまだ仮の金額です。後ほど調整を行ないますので、各グレードの金額幅のイメージがつかめる程度で大丈夫です。

次ページにあるのが一覧にした表です。これを「グレード別賃金範囲表」(図13)といいます。

さらにこれをグレードにそって展開して「グレード別賃金範囲グラフ」(図14)を作成します。この2つの図を使って次の2点を確認しておきましょう。

まず、グレードが昇格していくことでどのように給与が上昇するのか全体の大きなイメージをつかんでおきます。次に、上下のグレード間で、下位グレードの上限額と上位グレードの下限額の差、あるいは重なりを確認しておきます。現時点では下位グレードの上限額が上位グレードの下限額を上まわっていない状態が理想です。

ここまでで、これから作成する基本給と役職手当のベースとなる賃金の金額が決まりました。この「グレード別賃金範囲表」をもとに具体的な支給項目ごとに賃金額を設定していきます。

図13 グレード別賃金範囲表

（単位：円）

ステージ	グレード	役職	賃金範囲	
マネジメントステージ	M2	部長	上限額	560,000
			標準額	500,000
			下限額	440,000
	M1	課長	上限額	440,000
			標準額	400,000
			下限額	360,000
リーダーステージ	L1	主任	上限額	350,000
			標準額	320,000
			下限額	290,000
スタッフステージ	S3	一般社員	上限額	280,000
			標準額	260,000
			下限額	240,000
	S2		上限額	235,000
			標準額	220,000
			下限額	205,000
	S1		上限額	195,000
			標準額	190,000
			下限額	185,000

図14●グレード別賃金範囲グラフ

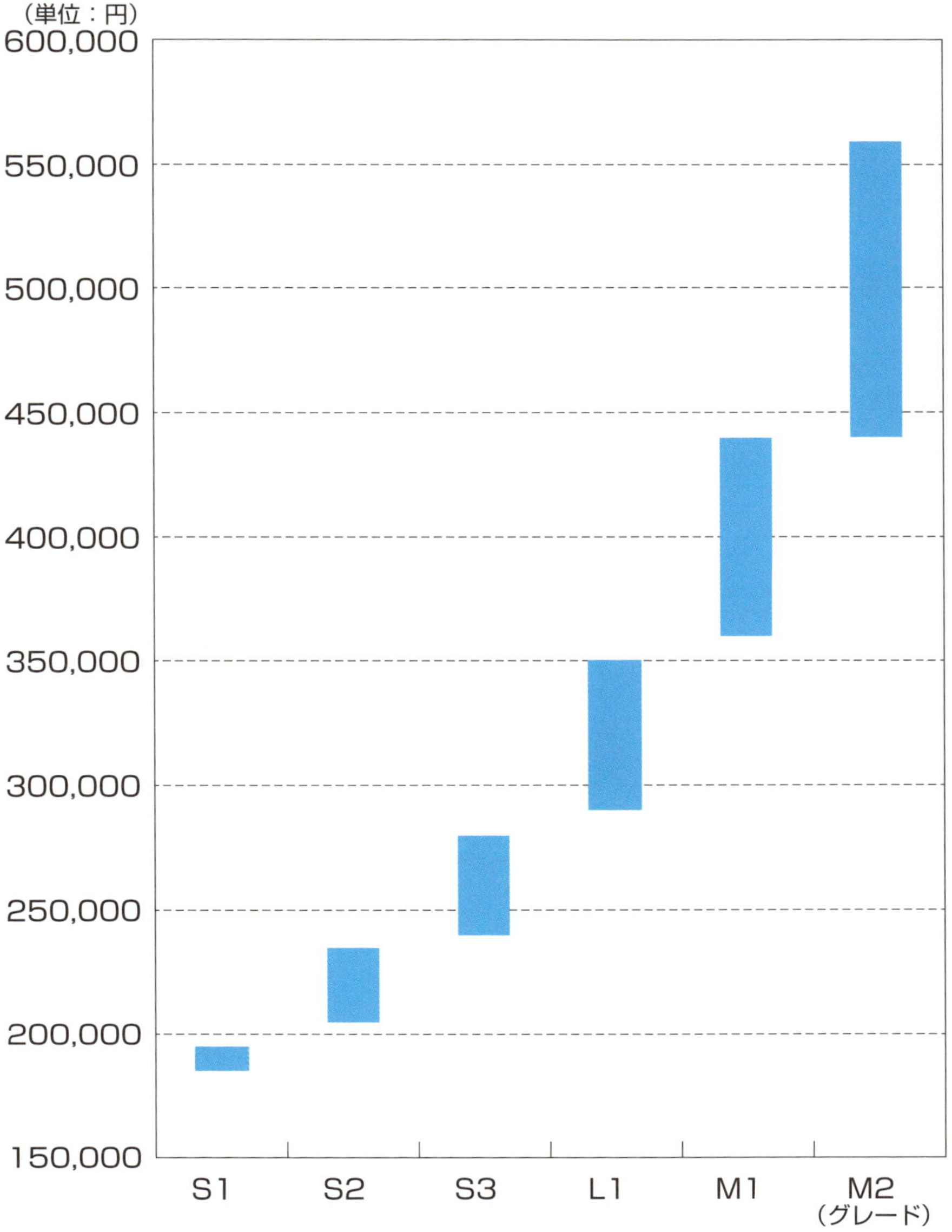

3

ステップ3　役職手当を決める

マネジメント層に魅力をもたせる役職手当の定め方

①「役職手当」の金額を決める

次は、「役職手当」の金額を決めます。

図6（40～41ページ）で作成した「グレード・レベル・イメージ」の役職に応じて金額を決めます。まず、「グレード・レベル・イメージ」の各役職の仕事レベルに応じたあなたの金額イメージをもとに、ざっくりと決めてみましょう。たとえば次のような要領です。

「主任は最初の役職として10、000円としよう。その場合、課長は50、000円を超えないと管理職として魅力がないだろうな。さらに部門を統括する部長ならプラス30、000円以上は必要だろう」という具合です。こうした考え方をもとに、たとえば次のように各役職の金額を設定します。

主任10、000円　課長60、000円　部長100、000円

図15●「役職手当」の考え方と設定方法

M2　部長
100,000円

部門長として課長や主任を2、3人統括するので、課長から40,000円アップの100,000円としよう

M1　課長
60,000円

課長以上を管理職とするので、主任より50,000円プラスし、60,000円としてみよう

L1　主任
10,000円

5,000円では、リーダーとして求めるレベルに見合わないから10,000円としよう

まず各役職に求めるレベルをもとにざっくりと決めてみる

② 管理職層の役職手当の定め方

役職手当を決める場合、気をつけなければならない点があります。それは、**管理職と非管理職の役職手当の金額の差**です。なお、ここでいう「管理職」とは、労働基準法上の管理監督者（時間外手当の支給対象からはずれる）とします。

つまり、時間外手当を支給しない管理職の役職手当は、非管理職の最上位グレードの時間外手当を完全に上まわる必要があります。M1グレード以上を管理職とする場合、想定される時間外手当の金額を算出し、これを上まわる額を役職手当として定めてください。

この考え方にもとづいて「役職手当」を決めていない会社の中には、時間外手当を含めると、非管理職の給与が管理職を上まわる逆転現象が起こっている場合もあります。

こうした会社では、**管理職に昇格すると仕事に対する責任の重さや範囲が広がるにもかかわらず、毎月の手取り額が下がってしまいます。そうなると、誰も管理職を目指したいとは思わない**でしょう。とくに、これから会社の中核を担ってほしい若手社員が「管理職に魅力がない」と実感することは会社にとって大きな損失です。

図16●管理職層の役職手当の考え方

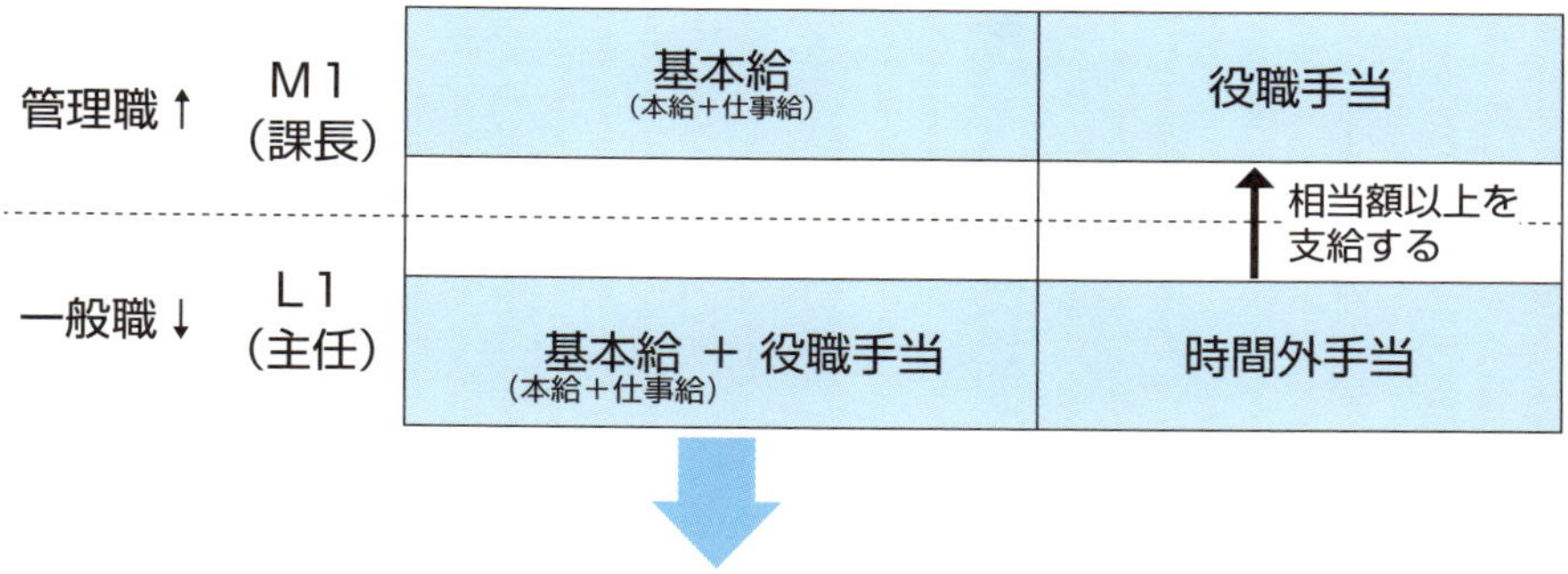

	基本給(本給+仕事給)	時間外手当20時間相当	合計
M1 課長	340,000円	50,000円	390,000円

役職手当は60,000円としよう

	基本給(本給+仕事給)	役職手当	小計	時間外手当20時間相当	合計
L1 主任	310,000円	10,000円	320,000円	47,059円	367,059円

L1(主任)の想定される残業時間が20時間だった場合

320,000円÷170時間×1.25×20時間=47,059円

M1(課長)の20時間分の時間外手当を算出してみる

340,000円÷170時間×1.25×20時間=50,000円

※1カ月の所定労働時間を170時間とする

4

ステップ4　基本給を決める

異なった特性の「本給」と「仕事給」で基本給を構成する

①固定給は3つの項目に分解する

56ページで決めたグレードごとの標準金額を3つの支給項目に分解します。「本給」と「仕事給」「役職手当」です。本給と仕事給をあわせて「基本給」とします。それぞれ内容と主な運用方法を説明しておきましょう。

本給……勤続給的な性格をもった、積み上げ型の支給項目

年1回、定期的に昇給する積み上げ型の支給項目です。グレードごとに上限、下限を決めます。現行の賃金から移行する時点では、各社員の現行賃金の額に応じて支給額が決まります（後ほど、移行シミュレーションの項目でくわしく説明します）。

年1回の昇給額は「本給標準昇給額テーブル」（131ページに掲載）を作成し、評価結果に応じて決定します。降格した（グレードが下がった）場合のみ、本給も下がる可能性があります。

仕事給……評価結果にもとづいて、成果や貢献度を直接反映する支給項目

評価するたび、あるいは一定期間の評価結果に応じて金額が変動する支給項目です。前回と比較し、評価結果が上がれば金額が上がり、評価が下がれば金額も下がることになります。

通常、半年ごとに変動させるのが最も多い運用パターンです。

変動の幅は下位グレードは小さく、上位グレードに行くほど大きく差がつくように設定します。前述の本給とあわせて**基本給**とします。

役職手当……役職に応じて支給する給与

役職に応じて一律の金額を決めて支給します。役職手当を決める場合の考え方や手順、その際の注意点などは前項でくわしく解説しました。

本書で紹介する「賃金制度」は「本給」「仕事給」という性格の異なった支給項目を基本給とし、その構成比を過去の処遇や組織風土、改革の方向性などに応じて決めることで、柔軟に対応することができる体系となっています。

図17●「本給」「仕事給」「役職手当」で固定給を構成する

固定給	基本給	本給	■毎年昇給する積み上げ型 ・年１回評価結果に応じて昇給 ・グレードごとに上限を設ける ・各社員の現行の支給額で決まる
		仕事給	■評価結果をダイレクトに反映する ・一定期間の評価結果に応じて変動 ・金額が上下する可能性がある ・半年ごとの改定が一般的
	役職手当		■役職に応じて支給する ・役職ごとにあらかじめ金額を決めて支給する ・昇進、降職に応じて支給する

②「本給」と「仕事給」の比率を決める

基本給における「本給」と「仕事給」の比率を決めます。勤続給的な性格の「本給」と、評価結果にもとづいた仕事の貢献度で決まる「仕事給」のウェイトを決めることで、どちらに重点を置いた賃金体系なのかを示すことができます。

A　本給：仕事給　7：3
B　本給：仕事給　5：5
C　本給：仕事給　3：7

という3つのパターンで考えてみましょう。

A　「本給」の比率のほうが大きいため、勤続給的な意味合いを重視し、会社としては評価をダイレクトに反映するウェイトは比較的小さくしたいことが社員に伝わります。

B　基本給の半分は仕事の貢献度がダイレクトに反映される考え方であるというメッセージを社員に伝えることができます。

C　仕事の貢献度が基本給に大きく影響することが社員に伝わります。

ポイントは、「仕事給」は下がる可能性があるため、仕事給の比率を大きくすると、基本給が大きく昇給、あるいは降給するかもしれないというイメージをもつ人が多くなることです。

とくに、**社員は下がるほうに敏感**ですから、仕事給の比率を大きくしすぎると**給与を下げるための賃金制度ではないかという誤解**をもたれてしまう場合があります。一旦こうした認識が浸透してしまうと、これを修正するのには大きな労力と時間を要します。

給与、賞与ともこれまで下げたことがないという会社は、本給：仕事給＝7：3〜6：4の配分で導入したほうが不満にはつながりにくいでしょう。

しかし、これまで給与や賞与を上げ続けてきたことで、成長意欲が希薄な組織風土になってしまった。これを一気に変えたいという目的で、あえて仕事給のウェイトを大きくして危機意識を社員にもってもらうおうとする場合もあります。

こうした**会社の組織風土やこれまでの賃金の運用方法を踏まえて「仕事給」の比率は慎重に決めてください**。

実際、私たちがコンサルティングで導入する場合、**「本給：仕事給＝5：5」で導入するパターンが一番多い**です。

図18●本給と仕事給の比率の考え方

本給：仕事給　7：3

- 基本的には毎年上がり続ける本給のウエイトが大
  ➡安定的な給与体系のイメージ

本給：仕事給　5：5

- 安定的な本給と上下する仕事給が同じ比率
  ➡成果がそれなりに反映されるイメージ

本給：仕事給　3：7

- 評価結果で上下する仕事給のウエイトが大
  ➡成果が大きく反映される給与体系のイメージ

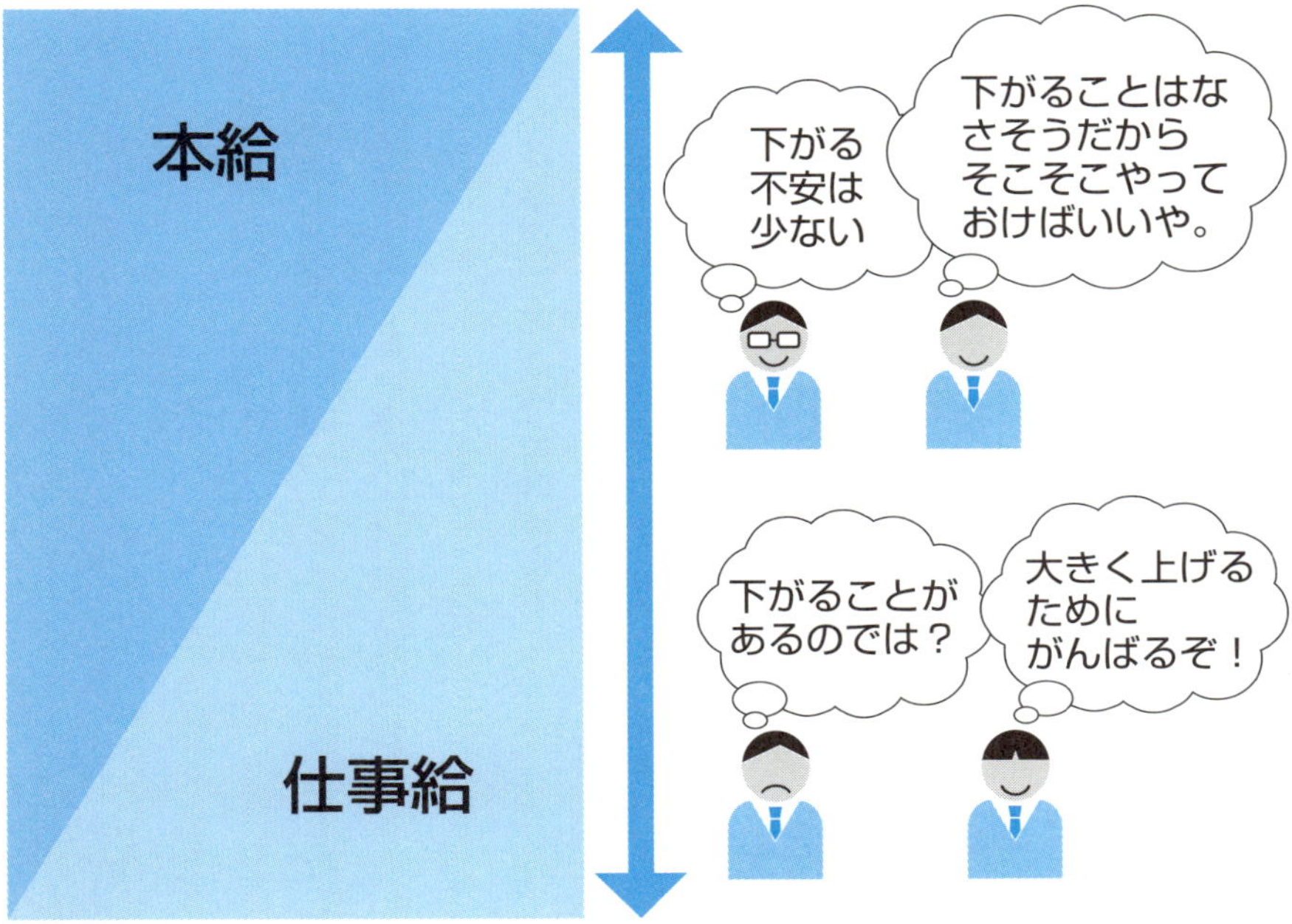

③「仕事給」の金額を決める

いよいよ基本給となる「本給」、「仕事給」の金額を検討していきます。

まず、図12（57ページ）で決めたグレードごとの標準金額から、62ページで決めた役職手当の金額を引きます。これを**「グレード別　基本給標準額」**としましょう（図19〈74ページ〉）。

次に、「グレード別　基本給標準額」に「本給」、「仕事給」の比率を掛けます。

こうして算出された金額が、各グレードの「本給」、「仕事給」の標準額となります。

この標準額をもとに、まず「仕事給」を決めます。

「仕事給」は、評価結果をダイレクトに反映する支給項目、つまり、評価結果に応じて上がる場合と下がる場合があるとお伝えしました。そこで、この「仕事給」の性格を利用して、評価結果を反映する段階（差額）を設定しながらその範囲を決めていきます。

もう少し具体的にいうと、評価ランクがひとつ変わるといくら金額が変わるかをグレードごとにシミュレーションしながら「仕事給」の幅を設定します。

そこで、各グレードのランク設定の数を決める必要があります。通常「SS、S、A、B、C、D、E」という7段階とする場合が多いので、まずは7ランクで作成してみましょう。

前述したように、一般的には、上位グレードに行くにつれて差額を大きく設定します。つまり、上位職になるほど、評価結果で差がつく賃金体系にするということです。上位職の人ほど会社に対する貢献度が大きく、責任の範囲も広い仕事をしているからです。

たとえば、次のような具合です。

S1グレード　1,000円　S2グレード　2,000円
S3グレード　3,000円　L1グレード（主任）　5,000円
M1グレード（課長）　7,500円　M2グレード（部長）　10,000円

次に、グレード別「仕事給」の標準額を各グレードの「B評価」の金額として中心に置き、上に「SS、S、A評価」の3ランク、下に「C、D、E評価」の3ランクの金額を先ほど決めた評価ランクの差額に応じて決めていくことで計7ランクの仕事給額を設定することができます。こうしてできた「仕事給」の一覧表が図20（75ページ）の図です。

これはあらかじめ計算式を入力した表をエクセルで作成しておいて、評価ランクの差額を入力すると、比較的短時間で賃金表を作成することができます。

図19● グレード別「基本給」（本給＋仕事給）標準額を設定

グレードごとの標準金額	
グレード	標準金額（円）
M2	500,000
M1	400,000
L1	320,000
S3	260,000
S2	220,000
S1	190,000

役職手当を引く

グレード	役職	役職手当(円)
M2	部長	100,000
M1	課長	60,000
L1	主任	10,000

グレード別　基本給標準額	
グレード	基本給標準額(円)
M2	400,000
M1	340,000
L1	310,000
S3	260,000
S2	220,000
S1	190,000

本給と仕事給の比率を掛ける
基本給標準額×50%＝本給
基本給標準額×50%＝仕事給
（本給：仕事給＝5：5の場合）

「本給」・「仕事給」標準額		
グレード	本給(円)	仕事給(円)
M2	200,000	200,000
M1	170,000	170,000
L1	155,000	155,000
S3	130,000	130,000
S2	110,000	110,000
S1	95,000	95,000

図20●「仕事給」の一覧表

（単位：円）

ステージ	グレード	役職	仕事給（評価ランク）	仕事給	仕事給差額
マネジメントステージ	M2	部長	SS	230,000	10,000
			S	220,000	
			A	210,000	
			B	200,000	
			C	190,000	
			D	180,000	
			E	170,000	
	M1	課長	SS	192,500	7,500
			S	185,000	
			A	177,500	
			B	170,000	
			C	162,500	
			D	155,000	
			E	147,500	
リーダーステージ	L1	主任	SS	170,000	5,000
			S	165,000	
			A	160,000	
			B	155,000	
			C	150,000	
			D	145,000	
			E	140,000	
スタッフステージ	S3	一般職	SS	139,000	3,000
			S	136,000	
			A	133,000	
			B	130,000	
			C	127,000	
			D	124,000	
			E	121,000	
	S2		SS	116,000	2,000
			S	114,000	
			A	112,000	
			B	110,000	
			C	108,000	
			D	106,000	
			E	104,000	
	S1		SS	98,000	1,000
			S	97,000	
			A	96,000	
			B	95,000	
			C	94,000	
			D	93,000	
			E	92,000	

④ 仕事給の金額をもとに本給を決める

こうして決めた「仕事給」の金額をもとに「本給」の金額を決めます。

「仕事給」は7ランクに分けたのに対して、「本給」は、各グレードの上限と下限の金額のみを決めます。これは、本給には幅をもたせて、現行の給与のバラツキを吸収し、移行を行ないやすくするためです。くわしくは、110～115ページで解説します。

さきほど「本給：仕事給＝5：5」とすることが多いと述べました。その場合、「本給」の上限・下限と「仕事給」の上限・下限の金額は同じ金額とします。つまり、**「仕事給」の「SS」評価の金額が「本給」の上限、「仕事給」の「E」評価にあたる金額が「本給」の下限**となります。

「本給：仕事給＝4：6」とした場合、同じように「仕事給」上限（下限）額：「本給」上限（下限）額が6：4となるようにします。「本給」は「仕事給」に6分の4を掛けた金額ということになりますね。「本給：仕事給＝6：4」なら「仕事給」に4分の6を掛けて本給の金額を算出します。

この「本給」と「仕事給」を合計したものが格グレードの「基本給」となります。

さらに、この「基本給」に「役職手当」を加えて「固定給」とします。

ここで、図13（60ページ）であらかじめ決めておいた「グレード別賃金範囲表」の金額との整合性を確認します。「グレード別賃金範囲表」と大きく金額が異なるグレードがあれば評価ランクの差額を調整しながら、金額を修正します。

これで、次ページの「固定給テーブル」が完成します。


ただし、現状ではこのテーブルの金額は、まだ仮決定ということにしておきます。

次章で現状の社員全員分の給与をこのテーブルに当てはめていきます。その過程で矛盾が生じたり、社員が不公平だととらえてしまうようなことが起きた場合、さらに金額を変更する必要があるからです。

それでは、実際に支給している社員の給与を、これまで作成してきた給与表に当てはめていきましょう。

具体的な移行に向けた準備です。

図21 ● 固定給テーブルの例

（単位：円）

ステージ	グレード	役職	本給	仕事給（評価ランク）	仕事給	仕事給差額	基本給	役職手当	合計
マネジメントステージ			230,000	SS	230,000		460,000		560,000
			↑	S	220,000				
			上限	A	210,000				
	M2	部長	200,000	B	200,000	10,000	400,000	100,000	500,000
			下限	C	190,000				
			↓	D	180,000				
			170,000	E	170,000		340,000		440,000
			192,500	SS	192,500		385,000		445,000
			↑	S	185,000				
			上限	A	177,500				
	M1	課長	170,000	B	170,000	7,500	340,000	60,000	400,000
			下限	C	162,500				
			↓	D	155,000				
			147,500	E	147,500		295,000		355,000
リーダーステージ			170,000	SS	170,000		340,000		350,000
			↑	S	165,000				
			上限	A	160,000				
	L1	主任	155,000	B	155,000	5,000	310,000	10,000	320,000
			下限	C	150,000				
			↓	D	145,000				
			140,000	E	140,000		280,000		290,000
スタッフステージ		一般社員	139,000	SS	139,000		278,000		278,000
			↑	S	136,000				
			上限	A	133,000				
	S3		130,000	B	130,000	3,000	260,000		260,000
			下限	C	127,000				
			↓	D	124,000				
			121,000	E	121,000		242,000		242,000
			116,000	SS	116,000		232,000		232,000
			↑	S	114,000				
			上限	A	112,000				
	S2		110,000	B	110,000	2,000	220,000		220,000
			下限	C	108,000				
			↓	D	106,000				
			104,000	E	104,000		208,000		208,000
			98,000	SS	98,000		196,000		196,000
			↑	S	97,000				
			上限	A	96,000				
	S1		95,000	B	95,000	1,000	190,000		190,000
			下限	C	94,000				
			↓	D	93,000				
			92,000	E	92,000		184,000		184,000

第3章

中小企業のための給与移行手順とノウハウ

1

中小企業の給与の決め方

中小企業にありがちな誤った給与の決め方　3つのパターン

具体的な給与の移行作業に入る前に、あなたの会社の現在の給与の決め方を確認しておきましょう。**中小企業の給与の決め方には、問題につながる共通のパターンがあります。**それは、

1　えんぴつなめなめ型
2　他社（者）依存型
3　事なかれ主義型

の3つです。

あなたの会社がいずれかのパターンに陥っていないかを検証し、課題を明確にしたうえで改革に取り組みましょう。そうすることで、制度設計におけるポイントを把握し、社員の納得度を高めることにもつながるからです。

では、それぞれ解説していきましょう。

①間違った給与の決め方とは？

(1) えんぴつなめなめ型　社長の判断が基準

概要

昇給や賞与のたびに、社長が独自の判断で社員全員の昇給額や賞与支給額を一人ひとり個別に、あるいは他者と比較しながら決めている。

特徴

検討のたびに、社長が重視する成果や能力に応じて判断の根拠、ものさしが変わる。その判断理由を記録していないので、社長自身忘れてしまっている。

デメリット

ほかの幹部の意見を聞くこともあるが、最終的には社長の判断で決める。

そのため、**他者からするとどう見ても説明がつかない昇給、賞与額となる**ことも多い。たとえば、後継者やナンバー2の幹部でさえ違和感を覚えることすらある。

全社員の判断の根拠が社長のものさしなので、客観的な説明は不可能。

社員から質問があった場合に答えることができないので、**不信感やモチベーションの低下、ひいては離職の引き金になる**ことも考えられる。

社長がひとりで全員分を決めるので、昇給や賞与額の決定に膨大な時間がかかる。いちばん給与が高い社長自身の時間をとられるため効率が悪く、生産性に影響する。過去にコンサルティングした会社では、約150人分の昇給額と夏季・冬季・決算賞与を手書きでシミュレーションしながら決定していた事例も存在した。

メリット

社長のみの判断なので、ひとりの判断基準によって決まったといえる。複数の人が評価にかかわることによる判断のバラツキは存在しない。

また、会社のトップが決めたものなので、表面的に不満を言う人はいない（言えない）。しかし、こうした会社ほど社員間で給与を見せあったりしており、表に出ない不満や意見は多数くすぶっている（実はデメリット）。

図22 ● えんぴつなめなめ型
～中小企業の賃金の決め方　その1

社長が独自のものさしで全社員の給与・賞与を決定

デメリット

- 客観的根拠がない
- 判断基準はすべて社長の頭の中
- 膨大な時間がかかる

- モチベーション低下
- 会社への不信感
- 離職

メリット

- 複数の評価者がかかわることによる判断のバラツキはない

(2) 他社(者)依存型　前職の給与が基準

概要

中途で入社した社員の給与や賞与を前職で支給されていた金額をもとに決めている。その後の昇給や賞与も前職の金額が基準となって決まる。

特徴

新卒採用を毎年行なっている中小企業はまだまだ少ないので、このパターンで入社時の給与支給額を決めている会社は多い。前職を参考にしているので、他社(者)の賃金制度をもとに決まった金額を引き継いでいることになる。

とくに昨今の売り手市場では**優秀な人材を中小企業で確保しづらいため、自社の標準より高い前職の給与を保証する条件で入社してもらうケースも出てきている。**

デメリット

自社の基準をもとに決まったものではないので、当然、社員間の整合性がない。

前職の給与のほうが自社の標準額より高い場合は、「調整給」などを支給してバランスをと

図23 他社（者）依存型
～中小企業の賃金の決め方　その2

入社時に前職の賃金や本人の希望額で決定

デメリット

- 既存社員とのバランスがとれない
- 社員間の整合性がない
- 実力や貢献度と金額がかい離

- モチベーション低下
- 「なぜ新人のほうが高いの?」という不満
- 人間関係の悪化

メリット

- 一旦高い給与をもらった人が得

年収600万円もらっていました
年収500万円以上が希望です
手取りで月40万円はもらっていました

ろうとしている会社もあるが、運用ルールが明確ではなく、**当初の格差はいつまでも縮まらない場合が多い**。「なぜあの人は成果も出していないのに給与が高いんですか」など、ほかの社員の不満につながる危険性もある。

また、他社（者）依存とは異なるが、自社の業態や担当する職種が未経験の者に対しては、自社の標準より低い金額に設定する場合もある。とくに、社会人経験の浅い（若い）年齢層はこうなるパターンが多い。

こちらは先の例とは逆で社内の同世代、同レベルより低い金額をずっとひきずってしまう場合がある。そうなると、**入社後優秀な仕事ぶりで成果をあげ、会社に貢献したとしても勤務年数が長い同年代の社員を追い越すことができない**。

その結果、本人のモチベーションが低下するという弊害が出ている中小企業も見受けられる。

メリット

特になし。

会社にとってのメリットはないが、前職の高い給与をもらい続けることができる社員にとっては「おいしい」といえる。

(3) 事なかれ主義型　前回の金額が基準

概要

「前回の昇給額が○○○円だったから、今回も同じ額を確保しよう」。「前回の賞与は○○○円だったから少し上乗せしておこう」など、過去の昇給額や賞与支給額を基準として金額を決めるパターン。

「前回の金額を下まわらなければ不満はないだろう」という事なかれ主義的な発想にもとづいた決め方である。

特徴

(1)えんぴつなめなめ型、(2)他社（者）依存型と併用する社長も存在する。前回や過去の金額が基準となるので、会社の業績や本人自身の貢献度の影響は必然的に少なくなってしまう。

デメリット

前回の金額が最大の判断基準となるので、とくに昇給に関しては前回より少しずつ上げていく「積み上げ型」となってしまう場合が多い。業績の悪かった年度は一旦抑える場合もあるが、**温情主義タイプが多い中小企業の社長は、昨年度の金額を下まわる昇給額にはしない人がほとんど**である。

貢献度が高い優秀な社員がいても、もともと給与が高い人との差が縮まりにくい。また、50歳代になっても賃金があがり続けるため、若手や中堅社員との格差が大きく開いて、人件費と社員の貢献度が大きくかい離してしまう。

その結果、**将来像が描けずに20代後半から30代の、これから会社の中核をになうべき人材が会社を見限って流出してしまう**。

昇給や賞与は基本的に前回以上の額を確保するので、確実に人件費は上昇し、労働分配率の上昇にもつながる。

ひいては、人件費以外の成長投資に振り分ける原資が不足し、将来の成長性が見込めなくなってしまう。

メリット

社員は毎年、前年度以上に給与が昇給し、賞与も増えていくので生活面の安定につながる。勤務年数が長い社員ほど社長や会社に対して忠誠心が高い場合が多いのも特徴のひとつである。

図24 ● 事なかれ主義型
～中小企業の賃金の決め方　その3

前回の昇給や賞与の金額を基準として決める

デメリット

- 実績や貢献度は反映されにくい
- 積み上げ型となり昇給や賞与を減額しづらい
- 優秀な人ともともと高い人との差が縮まらない
- 年功型で年齢が高い人が給与も高い

- 優秀な人のやる気が低下
- 若手の離職
- 将来への投資ができない

メリット

- 生活面の安定
- 勤務年数が長い人の忠誠心が高い

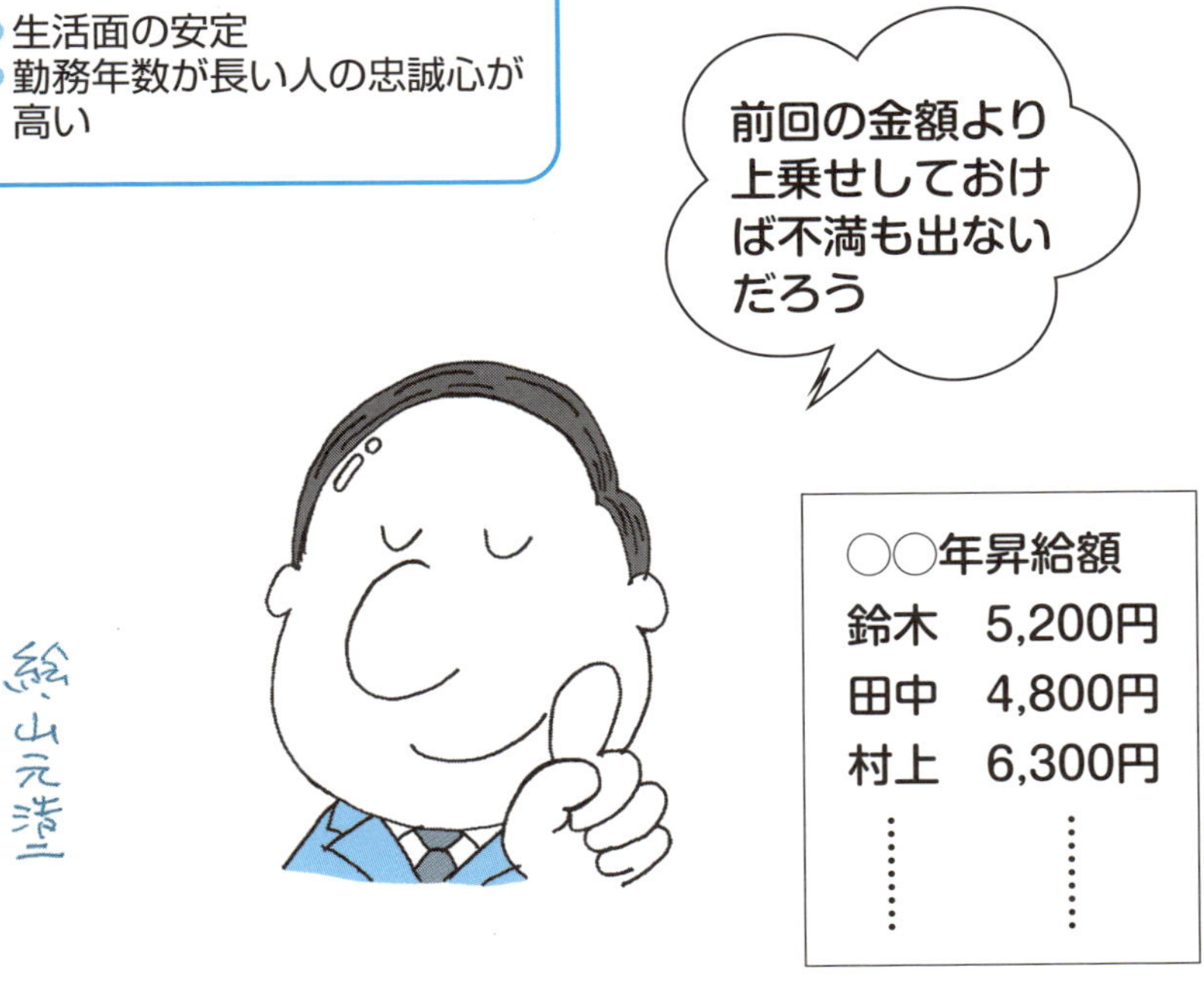

ここまでに紹介した3つのパターンは、いずれも会社の基準、ルールとはいえません。なにより、社員にそのルールを示すことができないし、金額の根拠も説明できません。

「わかっちゃいるけど、どうしたらよいのかわからない」

というのが、中小企業の社長のホンネでしょう。

とくに行き詰まるのが、こうした**一貫性のない基準をもとに決められている今の社員の給与をどうやって新しい給与体系に当てはめていったらよいのか**という点です。基準に一貫性がなかっただけに、現行の給与を一定のルールにそって作成した給与体系に当てはめようとすると、スムーズに移行できなくなるのです。

ところが、これをきちんと解説した書籍や参考書はなかなか見当たりません。

賃金制度の考え方や設計方法を示した書籍は数多く出版されていますが、中小企業の現場における最大の課題、自社での活用方法、運用方法が示されていないのです。

これでは、自社で導入しようとしてもスムーズな導入は難しいでしょう。

こうした悩みを解決すべく、次項から中小企業に多い賃金体系の事例を用いて、これまで作成してきた給与体系にどうやって当てはめていったらよいのかをくわしく解説していきます。

図25●一貫性のない賃金を一定のルールでまとめるには

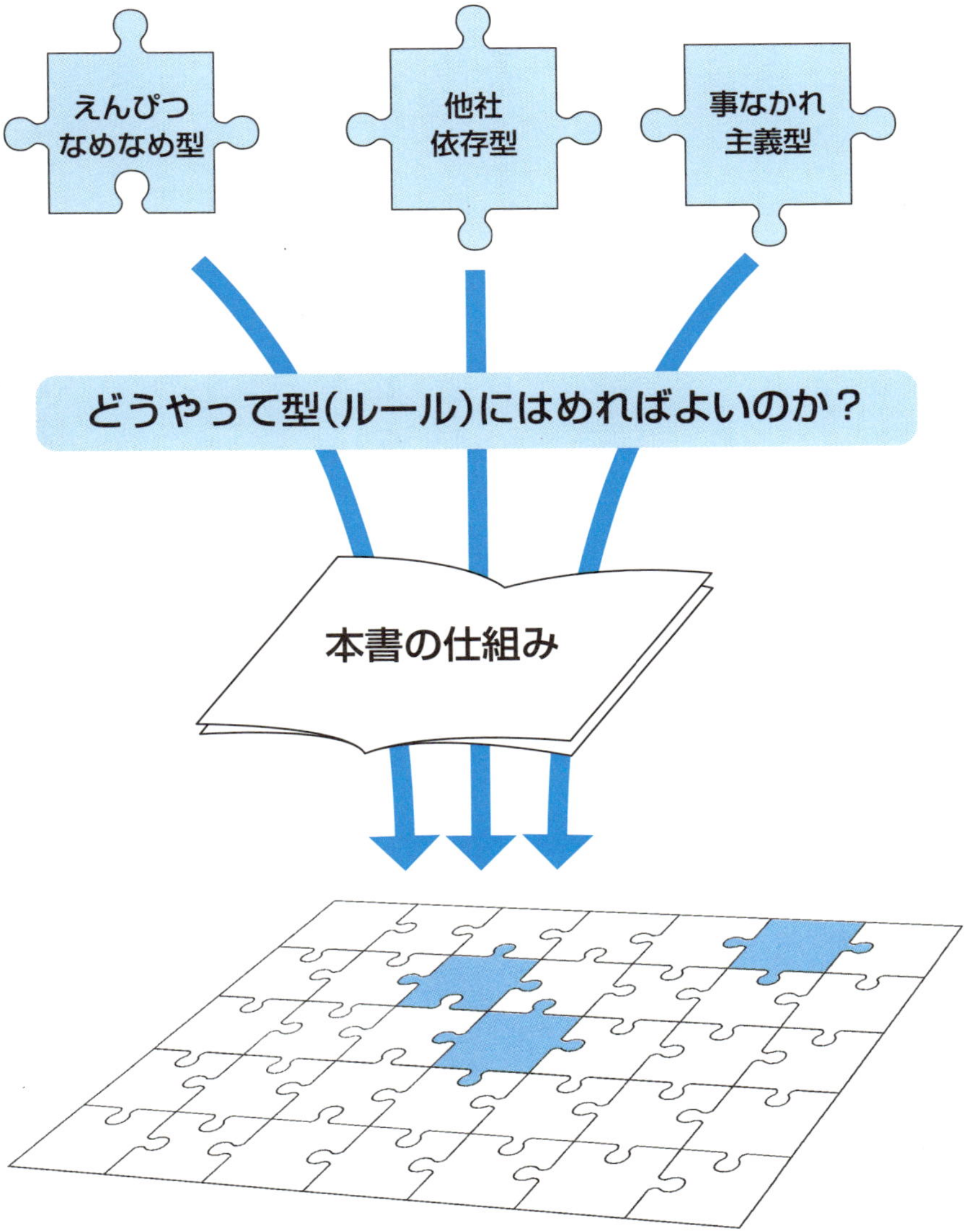

2

現行給与の具体的な移行方法

一貫性のない中小企業の給与はこうして移行する

それではいよいよ、あいまいな基準で決められている現在の給与を、どうやって一定のルールに当てはめ整合性のあるものとすればよいのか、私が実際コンサルティングの現場で使っている移行時のノウハウをそのままご紹介します。

次ページで示した「A社」を例に、**具体的なシミュレーションを行ないながらその方法とポイントを解説**していきます。

A社は、正社員が15人の中小企業で、営業、営業事務、総務・経理という3つの部署があります。

現行支給されている固定給は、「基本給」と「役職手当」のみとしました。

他の支給項目がある場合、仕事の役割や貢献度に応じて支給している項目はすべて「固定給」に組み入れて考えてください。「本給」、「職能給」、「職務手当」、「調整給」などがこれに当たります。

また、「勤続給」や「年齢給」、「資格手当」、「家族手当」、「住宅手当」、「皆勤手当」などを支給している場合も、これを機会に「固定給」に組み入れられないかどうかを検討してみてください。その結果、どうしても残す必要があるもののみ存続させることをお勧めします。

理由は2つあります。1つめは、仕事の成果や貢献度とは関係ない項目が多いため。2つめは、中小企業では社員の実態管理が細かくできずに、支給の条件から外れた者に継続して支給していたり、条件を満たしている者に支給されていなかったりする場合も多いからです。

前述したとおり、「所定外給与（時間外手当など）」、「通勤手当」は、対象外とします。

このA社の社員一人ひとりの給与を、図21「固定給テーブル」（78ページ）に当てはめ、移行していきます。

ここからは、ぜひ次ページのような「現行給与一覧表」と「固定給テーブル」をエクセルで作成し、116～117ページの「A社　給与移行シミュレーション」を参考にしながら、これからお伝えする手順にそって**エクセルを加工しながら読み進めて**みてください。

本章を読み終えたときには、**あなたの会社の給与移行案を完成させることができる**でしょう。

（単位：円）

	固定給		
	基本給	役職手当	合　計
	470,000	100,000	570,000
	395,000	100,000	495,000
	372,000	75,000	447,000
	342,000	50,000	392,000
	363,000	10,000	373,000
	310,000	5,000	315,000
	305,000	5,000	310,000
	268,000		268,000
	264,000		264,000
	236,000		236,000
	221,000		221,000
	218,000		218,000
	211,000		211,000
	192,000		192,000
	189,000		189,000
	4,356,000	345,000	4,701,000

図26●「A社」現行給与一覧表

NO	氏名	年齢（歳）	勤続年数（年）	部署	役職	
1	山田	51	27	営業	部長	
2	佐藤	47	21	総務・経理	部長	
3	宮本	52	22	営業	副部長	
4	池田	41	15	営業事務	課長	
5	小山	48	21	営業	課長代理	
6	田端	39	13	営業	主任	
7	辻岡	34	9	営業	主任	
8	上野	40	15	営業事務		
9	日枝	36	10	営業		
10	町田	32	6	営業		
11	今村	34	7	営業事務		
12	原田	31	3	営業		
13	馬場	27	2	総務・経理		
14	石井	23	1	営業		
15	中山	22	1	営業		
合　計						

① 社員全員のグレードを決める

まず、具体的な移行作業に入る準備として、社員全員のグレードを決めます。なお、社員のグレードを決定することを「グレードの格づけ」と呼ぶことにします。

グレードの格づけについての考え方は2つあります。

a　社員の実力や役割をもとに決める方法
b　社員の現行給与をもとに決める方法

それぞれ解説していきましょう。

a　社員の実力や役割をもとに決める方法

aの社員の実力や役割をもとにグレードを決める方法は2つあります。

1つめは、本人が現状行なっている仕事レベルや発揮している実力を検証し、40〜41ページで作成した図6「グレード・レベル・イメージ」の〝**求められる仕事のレベル**〟**に該当するグレードとする方法**です。

しかし、中小企業では社員の成長に応じた教育を計画的に行なっていない場合が多いため、

図27●グレード格づけ方法の考え方

a．社員の実力や役割をもとに決める

❶ 実際に行なっている仕事レベルのグレードに格づけ

↓

現状の立場より低いグレードとなり、モチベーションが下がる恐れがある

❷ 現状の立場に応じて求めたい仕事レベルのグレードに格づけ

↓

実態より高い仕事レベルを求めることになる

実際はa.❷のパターンで行なうのがスムーズ

このようなグレードの決め方をすると役職が下がってしまったり、社内で認識されている本人の地位より低いグレードとなってしまうことが少なくありません。こうなると、本人のモチベーションが下がりかねません。

そこで、中小企業はもうひとつの方法をとったほうがよいでしょう。

それは、**〝本人に求めたい仕事レベル〟のグレードに設定する**という方法です。現状できていなくても、まかせればそのレベルの仕事をこなすことができるであろうという期待のもとに、グレードを決めていきます。

ただし、この方法にもデメリットがあります。それは本人の評価基準に期待、すなわち**「現状できていないが、できる実力はもっている」レベルの仕事や役割が盛り込まれているため、「人事評価制度」導入当初は評価が低くなる**ということです。これも、このままでは「人事評価制度」に対する不満やモチベーションの低下につながる恐れがあります。

このデメリットはクライアントには必ず実践してもらっている、**「トライアル評価」**という評価のステップを踏むことで解消できます。「トライアル評価」とは、実際に評価を行なう前の練習評価です。26～28ページで説明しましたが、「評価制度」導入後は、この「トライアル評価」を3回以上行ないます。こうすることで、**社員の不満やモチベーションの低下を防ぐこ**

とができるからです。

それでは、この「本人に求めたい仕事レベル」に格づけする方法でA社の社員全員のグレードを決めてみましょう。

まず、役職者については、該当する役職のグレードにそのまま格づけします。

A社の「グレード・レベル・イメージ」では、M2グレードを「部長」としていますので、部長の山田さん、佐藤さんは、「M2」のグレードに格づけされることになります。

次にA社では、現行「副部長」という役職が存在し、宮本さんがいます。宮本さんの格づけを考えたいのですが、新しいグレードには「副部長」という役職が存在しません。宮本さんはどのグレードに格づけしたらよいのでしょう。この場合、「副部長」という役職ができた経緯を社長などからヒアリングし、実態を把握したうえで、検討、決定します。

A社の実態は次のとおりでした。現在「副部長」の宮本さんが、「課長」になって5、6年のころに、社長から「そろそろあいつも昇進させてやってはどうだろうか」という声が出ました。これが発端で経営陣と幹部で検討した結果、宮本さんは、「部長」になるには実力が不足しており、たとえ「部長」になってもまわりから認められ、頼られる器ではないだろう、という結論に達しました。「副部長」はこの2つの矛盾する課題（社長は昇進させたいが、本人は昇進に足る能力がない）を解決するために苦肉の策として生み出され、新設された役職だったのです。

小山さんも宮本さんのケースと同じような経緯で「課長代理」となっていました。

中小企業にありがちな〝名ばかり役職〟を整理する

この手の、いわゆる〝名ばかり役職〟を与えられた社員が存在する企業も少なくありません。

〝名ばかり役職〟に多い役職名の例をあげると、

「副部長」、「部長代理」、「担当部長」、「次長」

「課長代理」、「担当課長」、「課長補佐」、「係長」

などがあります。

こうした役職は統合・整理するのが理想です。

A社の場合、「副部長」はM1の「課長」に、「課長代理」はL1の「主任」に統合することにしました。

宮本さんも部長としては力不足だったのですが、課長としてならきちんと課員を率いてマネジメントを行なうことができていました。それを踏まえて、新しいグレード体系では「M1

図28●“名ばかり役職”を整理する

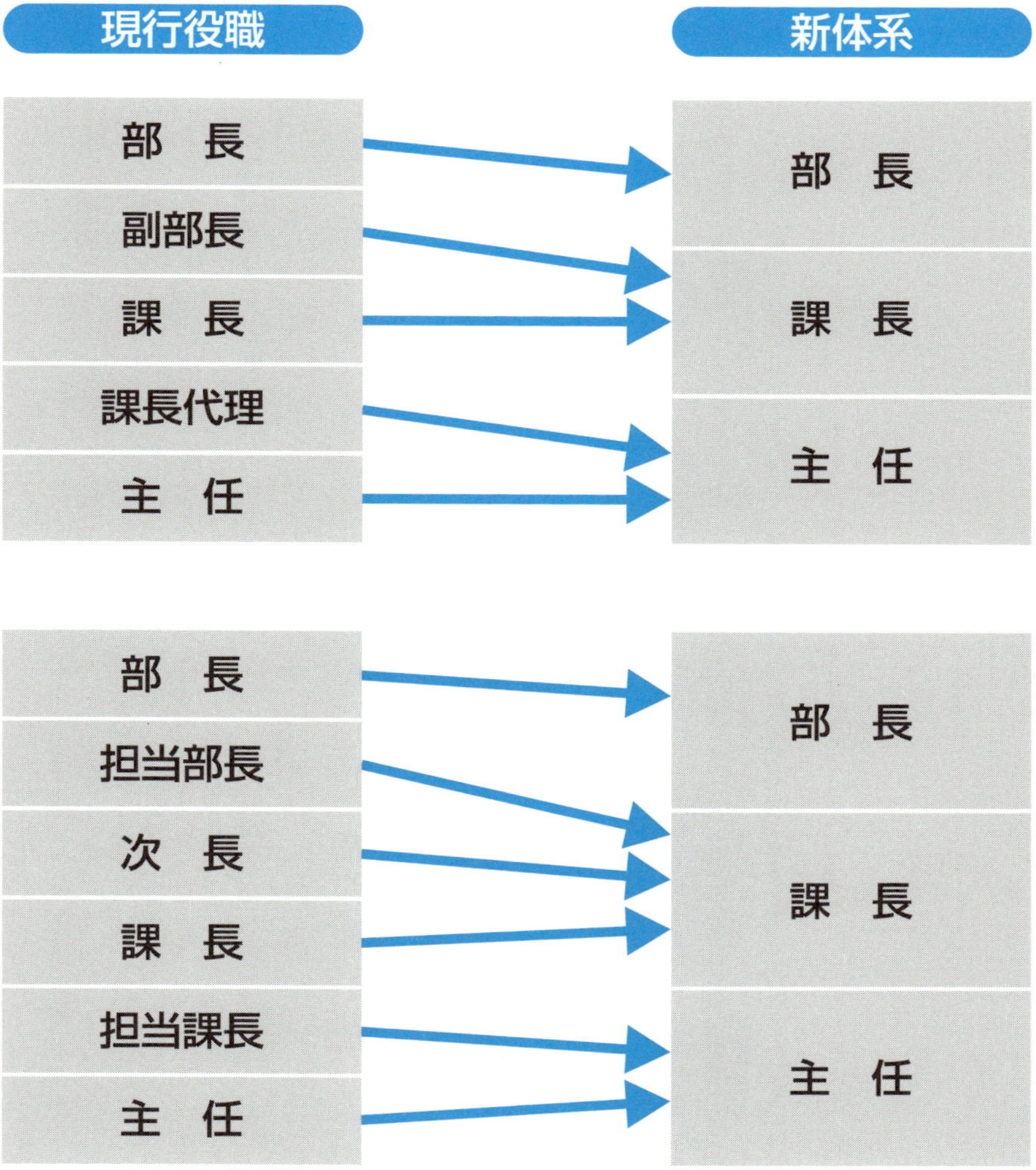

“名ばかり役職”を整理する場合、新体系の中で新たに決まったもので降格ではないことを本人、社内に周知する

（課長）」と決まりました。

小山さんも同様に「Ｌ１（主任）」に格づけされることになりました。

ただし、この場合、注意点があります。

それは、**降格ではないということを本人に理解させ、社内でも周知する**ことです。

これから取り組む改革は、人材育成のための新しい体系を構築するわけですから、「課長代理」から「主任」となる人も降格ではなく、まったく違う体系であるグレードで新しい役職となるということです。これをより明確にするために、役職名を「マネージャー」「リーダー」などに刷新する方法をとる場合もあります。

念のため伝えておきますが、廃止・統合するのは役割や求める仕事が明確になっていない役職のみです。前述の〝名ばかり役職〟に該当する名称の役職でも、組織上できちんと役割が確立できていて、社員育成のステップとして必要なものは新たなグレード体系に組み入れます。

さて、A社のグレードの格づけに戻りましょう。

役職者のグレードが決まれば、次は一般職です。

一般職の社員の場合、経験や実績、勤務年数をもとに決めていきます。新卒やそれに近い年齢で採用し、入社1年未満の社員がいればS1グレードとなるでしょう。

一般職をS3までとしている会社は、「基本業務やルーチンの作業が一人でできるレベル」か「ある程度、応用やイレギュラーな対応、後輩へのアドバイスなどができるレベル」かでS2かS3グレードに当てはめていけばよいでしょう。

S4まで設定している場合は、さらにこれまでの会社への貢献度などをもとにS3とS4に格づけしていきましょう。

また、全社員のグレードの格づけが決定しても、部署によっては**社員が存在しないグレード**が出てくる会社もあると思います。社員数が少ない会社であれば、全社でも社員がいないグレードが出る場合もあるでしょう。

こうした状態もまったく気にする必要はありません。それは、**グレードの格づけの目的は、職位や給与を決めることではなく、社員の育成**だからです。

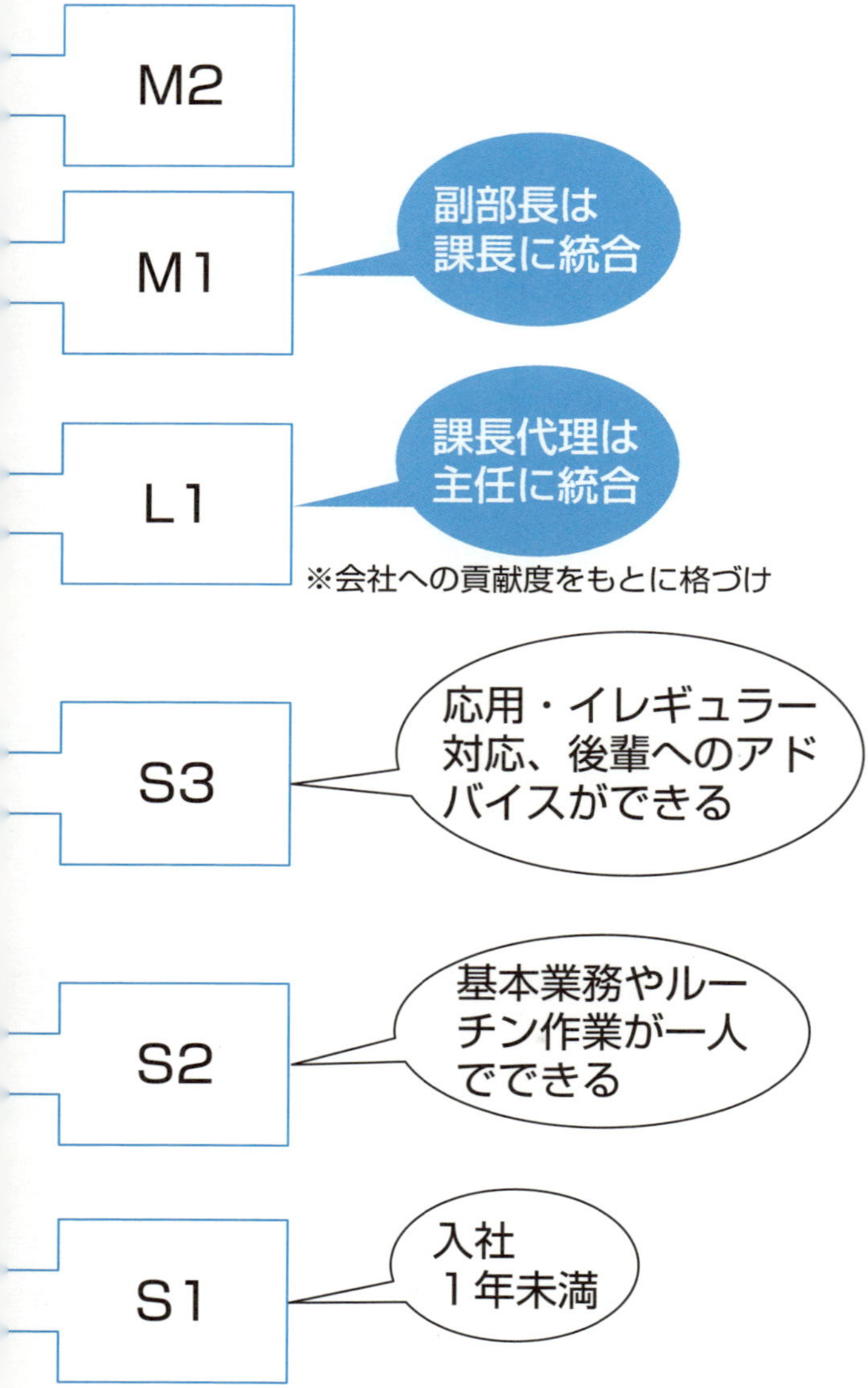
M2
M1
副部長は課長に統合
L1
課長代理は主任に統合
※会社への貢献度をもとに格づけ
S3
応用・イレギュラー対応、後輩へのアドバイスができる
S2
基本業務やルーチン作業が一人でできる
S1
入社1年未満

図29● A社のグレードの格づけシミュレーション

NO	氏名	年齢	勤続年数	部署	旧役職	新役職
1	山田	51	27	営業	部長	部長
2	佐藤	47	21	総務・経理	部長	部長
3	宮本	52	22	営業	副部長	課長
4	池田	41	15	営業事務	課長	課長
5	小山	48	21	営業	課長代理	主任
6	田端	39	13	営業	主任	主任
7	辻岡	34	9	営業	主任	主任
8	上野	40	15	営業事務		
9	日枝	36	10	営業		
10	町田	32	6	営業		
11	今村	34	7	営業事務		
12	原田	31	3	営業		
13	馬場	27	2	総務・経理		
14	石井	23	1	営業		
15	中山	22	1	営業		

b　社員の現行給与をもとに決める方法

それではもうひとつのグレードの格づけ方法、**ｂの社員の現行給与からグレードを決める方法**についてお伝えしましょう。

この方法の移行手順はいたってシンプルです。社員それぞれの現行給与の固定給の**合計額が「固定給テーブル」のグレードごとの範囲に当てはまるグレードに格づけ**します。

つまり、現行支給されている固定給額でグレードが決まるということになります。

ただし、この格づけ方法は本来求めたい仕事レベルとは異なるグレードに格づけされてしまう場合も多いため、お勧めできません。

たとえば78ページの「固定給テーブル」にそってA社の社員を格づけすると、宮本さんはM2、小山さんはM1ということになってしまいます。

一方、前述したとおり、A社で過去の経緯や実態をもとに決めたグレードは、宮本さんがM1、小山さんがL1で「固定給テーブル」とは異なるグレードでした。

実際のクライアントでもこの方法をとったのは、約４９０社中1社のみです。

図30●現行給与をもとにグレードを決める方法

A社で格づけした場合

（単位：円）

氏名	役職	固定給合計
宮本	副部長	447,000
小山	課長代理	373,000

（単位：円）

グレード	金額
M2	560,000 ↕ 440,000
M1	445,000 ↕ 355,000

実態と能力をもとに格づけすると……

宮本	M1
小山	L1

ギャップが生じる

宮本	M2
小山	M1

組織の技術力アップに貢献する人材は「専門職」として育てる

中小企業では部署やチーム全体のことを行なったり、部下の育成をしたりすることに不向きな人が役職者となっている場合があります。

こうした人には、おもに2つのパターンがあります。**ひとつは、担当業務で個人的実績や技術が優れている人を役職者としたが、リーダーの役割はほとんどこなせていないパターン**。もうひとつは、**在籍年数の長さや年齢が上だというだけで役職者となっているパターン**です。

前者に該当する社員の中で、その専門的な技能が組織の成長に必要な場合は**「専門職ライン」**というグレード体系をつくります。

「専門職ライン」は、S→L→Mグレードとステップアップしていく「マネジメントライン」とは区分して設けます。たとえば、S1→S2→S3までは全社員共通の昇格ステップを踏むのですが、次のグレードからL1→M1→M2に行く人と、P1→P2（Pはプロフェッショナル）に行く人に昇格ステップが2つに分かれるという体系です。

この立場の社員が現在、あるいは将来の会社の成長に必要な場合は事前に「専門職ライン」を作成し、こちらに格づけします。

図31 ● 専門職ラインを設け技術力の底上げを図る

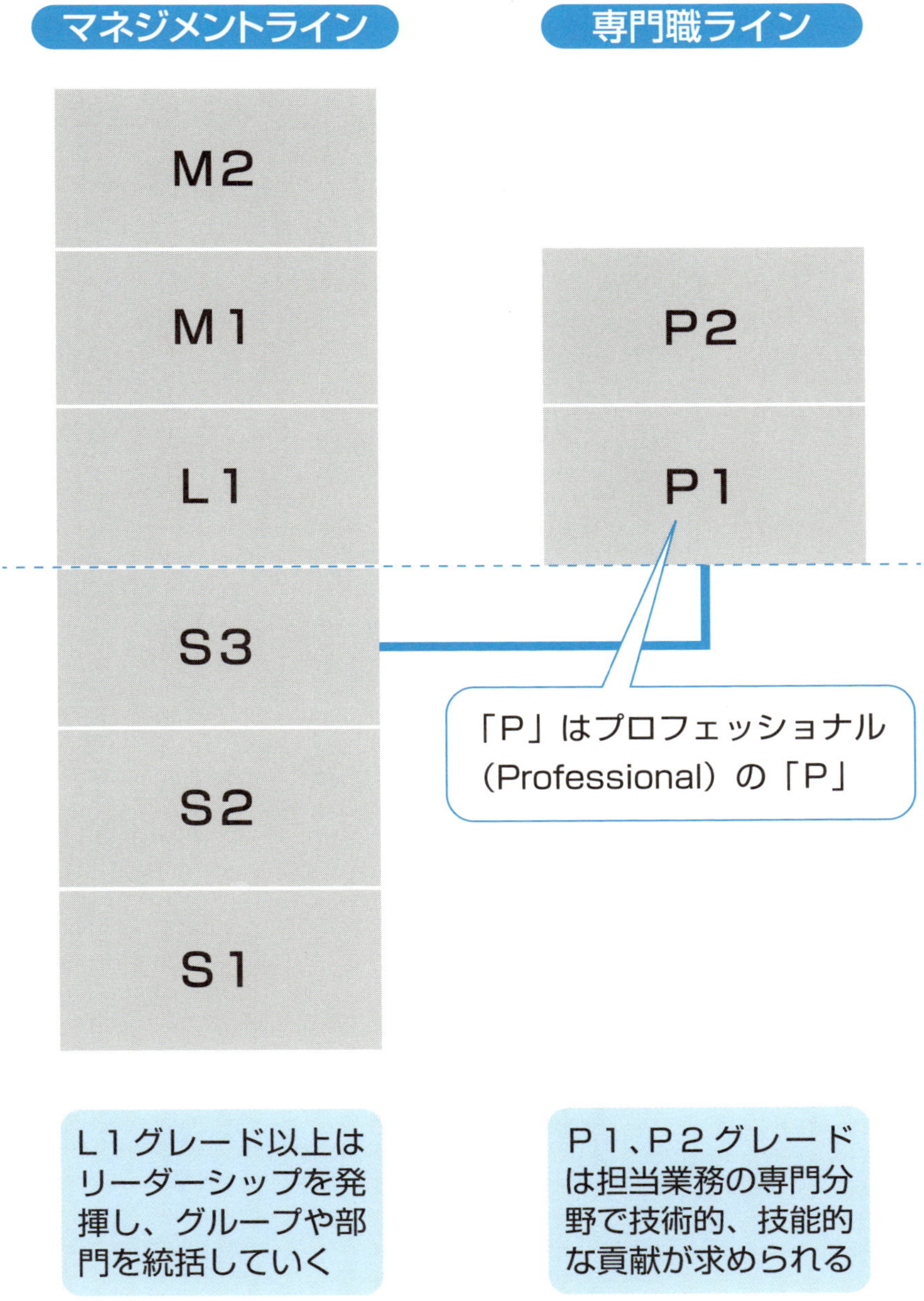
マネジメントライン
専門職ライン
M2
M1
L1
S3
S2
S1
P2
P1
「P」はプロフェッショナル（Professional）の「P」
L1グレード以上はリーダーシップを発揮し、グループや部門を統括していく
P1、P2グレードは担当業務の専門分野で技術的、技能的な貢献が求められる

② 社員一人ひとりの支給項目別金額を設定する

前項までで、全社員のグレードが決定しました。いよいよ、次に社員個別に給与支給項目ごとの金額を決めていきます。

上位グレードからその金額を決めていくことにしましょう。

A社の場合、M２（部長）は佐藤さんと山田さんの２人です。

佐藤さんの場合

まず、部長の役職手当は１００、０００円と決まっていますので、佐藤さんの役職手当は１００、０００円となります。

そこで、佐藤さんの支給額４９５、０００円（図26〔94～95ページ〕参照）から１００、０００円を引いた３９５、０００円を「本給」と「仕事給」に振り分けることになります。

決め方としては、まず「仕事給」を該当するグレードの「B」の金額にします。M２の「仕事給」、「B」の金額は２００、０００円ですから（図21〔78ページ〕参照）、佐藤さんの「仕事給」も２００、０００円となります。残った金額が１９５、０００円です（３８５、０００－２００、０００円）。この１９５、０００円は、M２グレードの本給の範囲、１７０、０００～

2３０、０００円の中に収まるので、佐藤さんの「本給」はそのまま１９５、０００円となります。これで、佐藤さんの新しい給与テーブルでの支給額が決まりました。

佐藤さん　新給与

本給	１９５、０００円
仕事給	２００、０００円
役職手当	１００、０００円
固定支給額合計	４９５、０００円

山田さんの場合

次に同じ部長の山田さんの各支給額を決めていきましょう。山田さんは支給額が５７０、０００円です〔図26〔94～95ページ〕参照〕。佐藤さんと同じM２グレードで部長という役職ですので、「役職手当」と「仕事給」は同じ金額となります。ただし、山田さんがいまもらっている金額、５７０、０００円から「役職手当」１００、０００円、「仕事給」２００、０００円を引くと、残った金額は２７０、０００円となります。

ところが、これをM2グレードの「本給」にしようとすると、上限の230,000円から40,000円オーバーしてしまいます。つまり、40,000円は新しい給与テーブルのM2の部長職としては、もらいすぎだと判断できるのです（図21〈78ページ〉参照）。

もらいすぎなので、オーバーした40,000円を新給与への給与移行時に減額するという措置がとれればベストです。しかし、新しい給与体系ができたからといっていきなり減額しては山田さんも納得できないでしょう。

そこで、オーバーした40,000円を「調整給」という項目を設けて振り分けておきます。

山田さん　新給与

本給	230,000円
仕事給	200,000円
役職手当	100,000円
調整給	40,000円
固定支給額合計	570,000円

図32 「本給」「仕事給」の設定方法

●A社M2グレードの場合

（単位：円）

		佐藤さん	山田さん
①	現行固定支給額	495,000	570,000
②	役職手当【部長】	100,000	100,000
③	新基本給①－②	395,000	470,000
④	仕事給M2「B」	200,000	200,000
⑤	③－④	195,000	270,000
⑥	本給	195,000	230,000
	調整給⑤－⑥	0	40,000

M2グレードの本給は230,000円が上限

実際、この山田さんのように「調整給」が発生するケースは中小企業でよく見受けられます。

とくに、84~89ページで紹介した**他社（者）依存型**で中途社員を採用してきた会社や**事なかれ主義型**で勤続年数が長い社員の給与が上がりすぎてしまった場合などです。

これはルールのないまま、その都度給与を決めてきた結果発生した不具合です。この機会に整合性のとれた、客観性のある体系に整理してしまうことをお勧めします。

山田さんのケースで設定した「調整給」の移行後の運用方法については、のちほどくわしくご説明します。

M1、L1グレードの社員についても同様に金額を設定していきます。

ここでも、M1で宮本さん、L1で小山さんにそれぞれ24,500円、38,000円の「調整給」が発生してしまいます。

S3~S1グレードに関しては役職手当がありませんから、現行の「基本給」から「仕事給」の「B」の金額を引いた金額が「本給」となります。

次ページに、一旦、A社の全社員の金額を新しい体系に移行した場合のシミュレーションを紹介します。

ご覧いただくとわかりますが一人ひとりの金額を当てはめていくと、「基本給」から「仕事給B」を引いた金額が該当グレードの「本給」下限額に不足する社員が出てくる場合があります。A社の場合は、町田さんと馬場さんで、「本給」を下限の金額としているため、調整給がマイナス表示になっています。

しかし、このままでは「調整給」の位置づけや運用方法が決まっていないため移行できません。次項からこれらの問題点の対処方法をくわしく解説していきましょう。

（単位：円）

	移行後						
	役職	グレード	固定給				
			本給	仕事給	役職手当	調整給	支給額
	部長	M2	230,000	200,000	100,000	40,000	570,000
	部長	M2	195,000	200,000	100,000	0	495,000
	課長	M1	192,500	170,000	60,000	24,500	447,000
	課長	M1	162,000	170,000	60,000	0	392,000
	主任	L1	170,000	155,000	10,000	38,000	373,000
	主任	L1	150,000	155,000	10,000	0	315,000
	主任	L1	145,000	155,000	10,000	0	310,000
		S3	138,000	130,000	0	0	268,000
		S3	134,000	130,000	0	0	264,000
		S3	121,000	130,000	0	−15,000	236,000
		S2	111,000	110,000	0	0	221,000
		S2	108,000	110,000	0	0	218,000
		S2	104,000	110,000	0	−3,000	211,000
		S1	97,000	95,000	0	0	192,000
		S1	94,000	95,000	0	0	189,000
			2,151,500	2,115,000	350,000	84,500	4,701,000

図33● A社給与移行シミュレーション

NO	氏名	年齢(歳)	勤続年数(年)	部署	現行			
					役職	固定給		
						基本給	役職手当	合計
1	山田	51	27	営業	部長	470,000	100,000	570,000
2	佐藤	47	21	総務・経理	部長	395,000	100,000	495,000
3	宮本	52	22	営業	副部長	372,000	75,000	447,000
4	池田	41	15	営業事務	課長	342,000	50,000	392,000
5	小山	48	21	営業	課長代理	363,000	10,000	373,000
6	田端	39	13	営業	主任	310,000	5,000	315,000
7	辻岡	34	9	営業	主任	305,000	5,000	310,000
8	上野	40	15	営業事務		268,000	0	268,000
9	日枝	36	10	営業		264,000	0	264,000
10	町田	32	6	営業		236,000	0	236,000
11	今村	34	7	営業事務		221,000	0	221,000
12	原田	31	3	営業		218,000	0	218,000
13	馬場	27	2	総務・経理		211,000	0	211,000
14	石井	23	1	営業		192,000	0	192,000
15	中山	22	1	営業		189,000	0	189,000
合計						4,356,000	345,000	4,701,000

3

新体系に収まりきれない社員の給与を調整する

過去の一貫性のない体系に整合性をもたせる

①新ルールに当てはめるために給与テーブルを調整する

前ページまでで、A社の全社員を新しい給与体系に移行する準備ができました。しかし、社員に示す前に、先ほどもお伝えした課題を解消しておかなければなりません。

そのためには、**各グレードの範囲からはみ出てしまった「調整給」の運用ルールを明確にする必要があります。**

「調整給」が必要になった人は、グレードの上限をはみ出た人＝グレードに対して給与を多く支払いすぎている人ということです。「本給」がグレードの下限に届かずに不足する人は、逆にグレードに対して給与が低すぎる人ということです。

こうした状況になってしまうのは当然といえば当然です。これまで、自社のルールをきちんと決めずに、**えんぴつをなめながら、あるいは本人の希望にそって給与を決めてきたものを、**

一定の基準にもとづいて作成された新ルールに一気に当てはめようとしているのです。逆にぴったり当てはまるほうがまれでしょう。

ここからの調整や社員への新給与体系の示し方が、一貫性のある「人事評価制度」の運用を可能にし、社員の納得度と成長へつながるポイントとなります。

プラスの「調整給」を残すべきか検討する

まず、各グレードの金額に収まらない人が、本当にそのままでよいのかどうかを検証します。

A社の事例では、部長の山田さんがM2グレードで40,000円、副部長から課長に格づけされた宮本さんがM1グレードで24,500円、課長代理から主任に格づけされた小山さんがL1グレードで38,000円オーバーしてしまいました。この金額をそのまま「調整給」としてしまうと、3人に対して「あなたの給与は、これまでの仕事ぶりに対して多く払いすぎていた」と伝えることになります。

その前に、本当にこの3人に対して「払いすぎていた」のかどうかを検証しましょう。

L1の小山さんは、課長になるには本人の実績や後輩への指導力も不足していました。そのため、課長に昇進させることはできず、課長代理という〝名ばかり役職〟を与えて処遇してきました。とくに能力が向上したわけではないのですが、勤務年数が長く毎年昇給を続けてきたため、L1としては突出して高い給与となっています。このままでは、ほかの若手社員へマイナスの影響を及ぼす可能性もあります。このような場合、小山さんへは、L1主任としては「38,000円は払いすぎ」ときっちり伝えたほうがよいという判断になりました。

M1の宮本さんに「調整給」が24,500円発生した理由は、「副部長手当」でした。ほかの課長とは差をつけて、宮本さんに「副部長手当」を支給していたのです。しかし、副部長としての役割を実行できていたわけではなく、実態としては課長と変わりない仕事ぶりでした。とはいえ「副部長」自体は、99ページで説明したように、社長の「そろそろあいつも昇進させてやってはどうだろうか」という鶴の一声で決まった役職で、宮本さん本人に責任はありません。そこで、宮本さんの場合は調整給24,500円をもう少し減額できないものだろうかという結論に達しました。

M2の山田さんは、40,000円と「調整給」としてはいちばん大きな金額となっています。とはいえ、山田さんは部長としての役割は十分こなして社長からの信頼も厚く、今後の会社のビジョンを実現するためには、引き続き営業のトップとして会社を引っ張ってもらう必要

図34●「調整給」をそのまま残すべきか検討する

小山さん	宮本さん	山田さん
L1	M1	M2
38,000円	24,500円	40,000円
課長としては実力不足。勤務年数が長く、課長代理という“名ばかり役職”を与え処遇してきた。	副部長だが、現状は課長と変わりない仕事ぶり。社長判断で与えた役職で本人に責任はない。	社長の信頼も厚く、部長の役割は十分こなしている。営業のトップとして会社を引っ張る重要な人材。
↓	↓	↓
調整給はそのまま残す	調整給を減額したい	調整給はなくす

なぜ各グレードの上限額を上まわる金額となったか要因を明確にし、必要な場合は給与テーブルを調整する

があります。40、000円を払いすぎていたと伝えることで、山田さんの会社へ貢献したいという気持ちを削ぎたくはありません。

また、山田さんに部長手当を含めて支給している金額570、000円は、社長の考えとしては高すぎるという認識はなく、金額に見合う貢献を十分してくれていると判断していました。そこで、山田さんの「調整給」はなくす方向に調整したいという結論になりました。

決めた方向性に沿って給与テーブルを調整する

こうしてA社では、「調整給」が出た3人に対する方向性を決めました。この考え方を踏まえて、給与テーブルを調整します。具体的には、A社の判断を反映するには、給与テーブルのM1とM2グレードの金額を調整する必要があります。「調整給」をなくす、あるいは少なく調整する方法は次の2パターンがあります。

1 該当するグレードの「本給」・「仕事給」を底上げする

2 「仕事給」の「SS、S、A、B、C、D、E」の評価間の金額を広げ、該当グレードの金額の幅を広げる

A社は、調整が必要なM1とM2の各グレードで、適正な方法を模索しながら調整しました。125ページがその調整を行なった固定給テーブルです。

L1小山さんの調整給38、000円はそのままの金額としました（L1のテーブルは調整していません）。

M1宮本さんの金額は24、500円から7、000円に減額することができました。

給与テーブルの調整はM1グレードの「仕事給」の標準額を5、000円底上げし、仕事給の差額を7、500円から10、000円に広げることで、「本給」の上限を12、500円上げることができました。

M2山田さんの金額40、000円は0円にすることができました。

同じく、M2グレードの「仕事給」の標準額を15、000円底上げし、仕事給の差額を10、000円から14、000円に広げることで、「本給」上限は27、000円アップさせることができました。

ただし、このテーブルの調整を行なうときに注意すべき点は、**ほかの社員への影響はないか、影響を全社的に問題のない範囲にとどめられるか**という2点です。

たとえば、あるグレードの金額を底上げしたために、ほかの社員の給与がグレードの下限額に不足するといった矛盾が起きないように注意しながら調整を行ないましょう。

●調整前

（単位：円）

氏名	役職	グレード	本給	仕事給	役職手当	調整給	支給額
山田	部長	M2	230,000	200,000	100,000	40,000	570,000
宮本	課長	M1	192,500	170,000	60,000	24,500	447,000
小山	主任	L1	170,000	155,000	10,000	38,000	373,000

●調整後

（単位：円）

氏名	役職	グレード	本給	仕事給	役職手当	調整給	支給額
山田	部長	M2	255,000	215,000	100,000	0	570,000
宮本	課長	M1	205,000	175,000	60,000	7,000	447,000
小山	主任	L1	170,000	155,000	10,000	38,000	373,000

図35 ●「調整給」を検討後、固定給テーブルを再調整する

●調整後　固定給テーブル

（単位：円）

ステージ	グレード	役職	本給	仕事給（評価ランク）	仕事給	仕事給差額	基本給	役職手当	合計
マネジメントステージ	M2	部長	257,000	SS	257,000		514,000		614,000
			↑上限	S	243,000				
				A	229,000				
			215,000	B	215,000	14,000	430,000	100,000	530,000
				C	201,000				
			下限↓	D	187,000				
			173,000	E	173,000		346,000		446,000
	M1	課長	205,000	SS	205,000		410,000		470,000
			↑上限	S	195,000				
				A	185,000				
			175,000	B	175,000	10,000	350,000	60,000	410,000
				C	165,000				
			下限↓	D	155,000				
			145,000	E	145,000		290,000		350,000
リーダーステージ	L1	主任	170,000	SS	170,000		340,000		350,000
			↑上限	S	165,000				
				A	160,000				
			155,000	B	155,000	5,000	310,000	10,000	320,000
				C	150,000				
			下限↓	D	145,000				
			140,000	E	140,000		280,000		290,000

M2 本給257,000：調整前より27,000円アップ
M2 仕事給差額14,000：10,000円から変更
M2 本給・仕事給215,000：15,000円底上げ
M1 本給205,000：調整前より12,500円アップ
M1 仕事給差額10,000：7,500円から変更
M1 本給・仕事給175,000：「本給」「仕事給」をそれぞれ5,000円底上げ

第4章

社員のやる気を引き出す「賃金制度」運用のコツ

1

新しい給与の運用ルールとノウハウ

社員のモチベーションを下げないための調整と伝え方

ここまでで、新しい給与体系にもとづいた社員全員の支給額が決まりました。
ここからは、新しい給与をどのように運用していくかをご説明していきます。

①「本給」の運用方法

改定のタイミング

年1回
昇格、降格したとき

「本給」は1年に1回昇給します。

昇格、降格した場合はグレードが変わるので、「本給」も変わる場合があります。昇格した場合、本給額が上位グレードの下限に満たなければ上がります。降格時に、下位グレードの上限より高ければ下がります。

改定時期

決算月の翌月

給与の改定については「春闘」としてメディアなどで紹介されるため、4月に決定されるというイメージの方も多いかもしれません。実際、中小企業でも給与改定を4月や5月に実施している会社が多いようです。

しかし、1年間の仕事ぶりや貢献度を昇給に反映させるためには、**会社の決算期に合わせた給与改定がベスト**です。次年度の人件費を検討したり、その結果を適正に反映したりするならなおさらでしょう。

たとえば、9月決算の場合、本給昇給の評価対象期間は前年度10月から9月までとなり、10月に評価を実施し、その結果にもとづいて11月支給分の給与に本給の昇給分を反映します。社員数が多く、評価結果の集計や決定面談などに時間を要する場合は12月支給分へ反映する場合もあります。

昇給方法

本給は、原則的には毎年一定額が加算されていきます。

その金額を決めるために、「本給標準昇給額テーブル」をあらかじめ作成しておきます。131ページの図36です。昇給額はグレードと年間の評価結果に応じて決まります。

ただし、会社が利益や売上などの目標を達成することが、昇給額を確保する条件とします。目標が未達だったり利益が十分に出なかったりした場合、社長や経営陣の判断で本給標準昇給額テーブルを減額する、あるいは全社員0円とする場合もあります。

本給昇給額の決め方は、まず「B」評価の金額を年間の定期昇給額として設定します。昇給額は固定給の1％程度を目安に設定するとよいでしょう。これに「仕事給」と同じ要領で上下の金額を決めます。図36の事例は「SS」評価を2倍、「E」評価を0円と決め、その間の「S、A」「C、D」を均等の幅にしています。

そのほか

本給には、各グレードで「上限」があり、この金額を超えて昇給することはありません。

そのため、移行時点でもともと本給額が上限に近い人や同じグレードで在籍年数が長い人は本給がすぐに上限金額に到達する場合があります。こうなると、その後は本給の昇給はストップします。ただし、その後、昇格してグレードがあがった場合は、新たなグレードで毎年昇給することになります。

図36●「本給」の運用方法

●本給標準昇給額テーブル

（単位：円）

評価 / グレード	SS	S	A	B	C	D	E
M2	10,000	7,500	6,250	5,000	3,750	2,500	0
M1	8,000	6,000	5,000	4,000	3,000	2,000	0
L1	7,000	5,250	4,375	3,500	2,625	1,750	0
S3	6,000	4,500	3,750	3,000	2,250	1,500	0
S2	5,000	3,750	3,125	2,500	1,875	1,250	0
S1	4,000	3,000	2,500	2,000	1,500	1,000	0

■改定のタイミング

年1回
昇格、降格したとき

■改定時期

決算月の翌月

■昇給方法

本給は毎年一定額が加算される

■そのほか

本給には、各グレードで「上限」が決まっている
上限金額を超えて昇給することはない
会社の業績によっては昇給額を減額、あるいは昇給なしとする場合もある

②「仕事給」の運用方法

改定のタイミング

年2回

昇格、降格したとき

「仕事給」は半年ごとに改定する場合がもっとも一般的です。もちろん、毎月、3カ月ごと、年1回という改定の運用も可能です。ただし、毎月改定する場合、評価も毎月行なわなければなりません。

改定時期

決算月の翌月、半期終了月の翌月（半年ごとに改定する場合）

昇給方法

評価結果に連動してダイレクトに変動します。移行時は全社員「B」の金額に設定していた場合、次の半年で「A評価」であれば「A」の金額に、「C評価」の場合は「C」の金額に動きます。評価をするたびに上下する可能性のある支給項目になります。一旦、「Ａ評価」で「Ａ」の金額となり、次の評価も「Ａ」だった場合は同額のままとなります。

そのほか

「仕事給」は下がる可能性もあります。そのため年１回反映のルールで導入すると、給与が下がってしまった人のモチベーションに影響を与える場合があります。

あなたが「Ｄ評価」となってしまい、その結果、給与が２０、０００円下がったと考えてみてください。１年間下がったままの場合と、半年後には元に戻るかそれ以上の金額になる可能性がある場合とでは、どちらがやる気になるでしょうか。もし、年１回の改定だと年収で２４０、０００円下がってしまいます。こうなると、モチベーションが下がる人や、評価対象期間の後半のみ頑張ろうと考える人が出てきてしまうことも多いからです。

そこで、**「仕事給」は変更の期間を半年とし、一度下がっても半年後には挽回できる仕組みにする場合が多い**のです。

図37●「仕事給」テーブル 「仕事給」運用ルールのまとめポイント

●仕事給テーブル（M1の場合の例）

（単位：円）

グレード	役職	仕事給（評価ランク）	仕事給	仕事給差額
M1	課長	SS	205,000	10,000
		S	195,000	
		A	185,000	
		B	175,000	
		C	165,000	
		D	155,000	
		E	145,000	

ダイレクトに評価結果の金額へ動く

■改定のタイミング

年2回（6カ月ごと）
昇格、降格したとき

■改定時期

決算月の翌月、半期終了月の翌月

■昇給方法

評価結果にダイレクトに連動

■そのほか

「仕事給」は下がる可能性があるため、年１回反映ルールで導入すると給与が下がってしまった社員のモチベーションに影響を与えることがある。そこで、変更期間を半年とする場合が多い

③「調整給」の運用方法

次に調整給をどう運用していくのか、ルールをしっかり決めておきましょう。

再度確認しておきますが、「調整給」として支給する金額は、本来の給与テーブルからはみ出た〝もらいすぎの金額〟です。

これを支給し続けてしまうと、「役割や仕事ぶりに対して、実際より高い給与をもらえる」ことになってしまい、「調整給」がある人のほうが得をする不公平な給与体系となってしまいます。

また、本来支給する必要のない人件費を会社が払い続けてしまうことにつながります。

とはいえ、いきなり給与を下げると本人のモチベーションの低下につながってしまう恐れがあります。

そこで、総支給額は変えずに新しい給与制度へ移行するために、特別に「調整給」として支給することにしたのです。

こうしたことから、**「調整給」は、最終的にはなくすという運用ルールをあらかじめ決めておきます。**

「調整給」の減額方法は次の3とおりあります。

① 昇給額で吸収する
② 保障する期間を決める
③ 減額する基準を決める

以下、それぞれについて説明します。

(1) 昇給額で吸収する

まず、昇給額で吸収する方法をご説明しましょう。

制度移行後の給与改定時期に昇給があれば、その分を調整給から減額していきます。これを調整給が0円となるまで継続して実施します。そのため、調整給が0円となるまでほかの項目が昇給しても給与総額は上がらないことになります。

具体的には、「本給」、「仕事給」、「役職手当」がアップした場合、その金額と同額を調整給からマイナスします。それでも調整給が残る場合も、給与支給額は変わらないということになります。通常、この方法はどんな会社でも実施します。

A社の場合、どんな運用になるのか、シミュレーションしてみましょう。

A社の決算は3月で本給昇給時期は4月分、5月25日支給の給与からだと仮定します。仕事給の改定は年2回、4月分と10月分給与で行ないます。新給与体系への移行は2019年の4月に実施したものとします。固定給テーブルは125ページの図35で運用します。

A社は、2人の社員に次の調整給が残っています。

宮本さん　M1　課長　調整給　7、000円
小山さん　L1　主任　調整給　38、000円

宮本さんの場合から見ていきましょう。

宮本さん　2019年4月分（給与制度移行時）支給額

本　給	205、000円
仕事給	175、000円
役職手当	60、000円
調整給	7、000円
合　計	447、000円

導入後の第1回目、2019年10月の評価で宮本さんは「A」評価となりました。

この評価結果で、宮本さんの「仕事給」は、10月分から「A　185、000円」となります（10、000円アップ）。ただし、昇給額が10、000円となるわけではなく、先に調整給の減額に充当します。宮本さんは7、000円の調整給がありますので、調整給が0円となり、実際の昇給額は3、000円となります。このときの宮本さんの支給額の内訳は次のとおりです。

宮本さん　2019年10月〜2020年3月分　支給額

本　給	205、000円
仕事給	185、000円
役職手当	60、000円
調整給	0円
合　計	450、000円　※昇給額　3、000円

こうして、宮本さんの調整給は、新制度に移行して半年でなくすことができました。

一方、小山さんは、次のように、38、000円と比較的大きな金額の調整給があります。

小山さん　2019年4月分　支給額

本　給	170,000円
仕事給	155,000円
役職手当	10,000円
調整給	38,000円
合　計	373,000円

結論から申し上げると、小山さんはグレードをあげる、すなわち、昇格しない限り調整給を吸収する額の昇給を得ることはできません。そこで、小山さんが高い評価をとり続けて昇格し、調整給を吸収したパターンを紹介します。

小山さんは最初の評価で「S評価」となり、2019年10月には「仕事給」が「S165,000円」に10,000円アップします。この金額分、調整給が減額され11月25日支給の金額は、

小山さん　2019年10月〜2020年3月分　支給額

本　給	170、000円
仕事給	165、000円
役職手当	10、000円
調整給	28、000円
合　計	373、000円

となります。

次の半年間の評価でも、小山さんは「S評価」を獲得しました。そこで、2020年4月にはL1（主任）からM1（課長）に昇格することとなりました。これにより、「本給」はすでにM1の範囲内なのでそのままですが、「仕事給」は「L1グレード　S」の金額から「M1グレード　B」の175、000円に10、000円アップ。役職手当が「主任　10、000円」から、「課長　60、000円」になります。その結果、小山さんの給与増額は合計60、000円となります。この増額分で一気に28、000円の調整給を吸収し、支給額は次のとおりとなります。

小山さん　2020年4月～2020年9月分　支給額　L1→M1昇格

本　給　170,000円
仕事給　175,000円
役職手当　60,000円
調整給　0円
合　計　405,000円　※昇給額　32,000円

ここでは、調整給を減額していく過程をご理解いただくために、宮本さん、小山さんとも高い評価を獲得して調整給を減額していった**昇給による調整給の減額パターン**を紹介しました。

しかし、調整給が必要な社員はむしろ勤続年数や年齢で昇給を積み重ね、本人の実力より高い給与となっている場合が多いものです。実際は、ここで説明した宮本さん、小山さんのように順調に調整給が減っていく事例は多くありません。

とはいえ、イレギュラーな調整給が残ったままでは、過去の負の遺産、公平性を欠いたルール外の部分をいつまでも残すことになってしまいます。

そこで多くの会社で導入するのが、次に紹介する「調整給」の保障に期限を設ける方法です。

（2）保障する期限を決める

保障の期限、つまり調整給を「0円」とする時期を決めます。**期限が来た時点で調整給が残っている社員はその金額分、給与が下がることになります**。

つまり、保障期限は調整給をなくすための猶予、社員の立場からすると「自分がもらっている給与額相当まで、実力をアップさせる期限」として理解してもらったうえで導入します。

期限の設定については、次の2つの視点から総合的に判断して決めてください。

1 すべての社員の調整給を0とすることが可能かどうか

2 会社のこれまでの人事処遇の方針

まず、**1**の**調整給が発生している社員すべてが、保障期限内に調整給を吸収できる期間の設定にすることが大切**です。

かなり高い評価をとり続けた場合を仮定してよいので、昇給や昇格のタイミングを実際にシミュレーションしたうえで、「調整給」が残っている社員全員にチャンスを与えられる長さとしたほうがよいでしょう。

ただし、前職を考慮して高い金額を支給している中途採用の社員がいる場合などは、どうしても吸収しきれない場合もあります。

2つめは、**これまで社員に対して減給や降格などドラスティックな処遇を行なってきたかどうかを考慮することが大切**です。

もともと「評価が低い社員は減給や降格が当たり前」という風土の会社なら調整給の保障期限は短めでもいいかもしれませんが、給与や賞与は下げたことがない会社は長めに設定したほうがよいでしょう。

一般的には、前者の場合は1年、後者の場合は3～5年程度とします。

もちろん、これをあえて逆にし、企業風土を一新する方法もあります。

(3) 減額する基準を決める

また、減額する基準を決め、調整給を徐々に減額していく方法もあります。

この方法は、通常、**(1)の「昇給額で吸収する」と(2)の「保障する期限を決める」を併用して行ないます**。

つまり、保障期限を迎えたときに残った調整給を一気に0円とするのではなく、減額のルールを決めて、徐々に減らしていくのです。

実際、中小企業で新制度を導入するときには、この形で運用するケースが多いです。

たとえば、次のような基準を決めます。

・年1回、本給昇給時期に、調整給の残額の1/2を減額する
・半年ごとの給与改定時期に、調整給の残額の1/4を減額する

ポイントは、「1/2」、「1/4」の部分をどうするかですが、1回あたりに減額される金額を検討しながら決めます。

とはいっても、新しい給与体系に移行した時点では、調整給の保障期限を迎えたときにどの

くらいの調整給が残っているかを予測するのは難しいでしょう。本来は保障の期限を過ぎたものですから、「1／2」程度でも問題ないでしょう。

そのうえで保障期限に比較的大きな「調整給」が残っている社員がいたり、多くの社員が吸収しきれていなかったりする場合、緩和措置として追加で導入するケースもあります。

④「マイナス調整給」の運用方法

次に、給与が各グレードの下限額に届かない人に対する考え方です。

具体的には115ページで言及したように、「仕事給」の「B」と「役職手当」を引くと、「本給」がグレードの下限額に満たない社員が出る場合があります。その社員が該当グレードに求められる仕事・役割がこなせるレベルであれば、給与が少なすぎるということになります。

A社では、マイナスの「調整給」としている町田さん、馬場さんの2人です。給与テーブルからはみ出しているわけですから、このままではイレギュラーな社員を残してしまいます。

この場合の対処法は次の4つです。

①給与を上げる
②グレードを下げる
③マイナス調整給を支給する。
④一定期間イレギュラーな本給を容認する

(1) 給与を上げる

まず、給与を上げる方法から説明しましょう。といっても、いたってシンプルな方法で、該当グレードの下限額まで本給を上げるだけです。

町田さんは15,000円、馬場さんは3,000円が足りていません（図33〔116～117ページ〕参照）。この場合、それぞれ15,000円と3,000円を本給に加えれば、各グレードの下限額となります。

これで一件落着、2人とも新しい給与テーブルの金額の中で運用をスタートできます。ただし、この方法は簡単な一方、「なぜ一部の社員だけ移行時に給与が上がるのか」というほかの社員の不満につながる要素もはらんでいます。不満を生まないためには、給与を上げる理由をきちんと説明できるかどうかが重要です。そして説明し、ほかの社員に納得してもらわなければなりません。

給与が上がった社員の存在を公表しないで導入することもできますが、上がったほうはうれしいものです。実際、公表せずに給与を上げたものの、気づけば周知の事実となっていたケースを私自身も経験しました。**「給与が上がった人はこれまで少なすぎた人」ということをきちんと社員に説明したうえで、導入を図ったほうがよい**でしょう。

図38●マイナス調整給の対応方法①　給与を昇給させる

A社

町田さんの場合

現行給与	基本給	236,000円
移行案	本給S３下限金額	121,000円
グレードS３	仕事給S３「B」	130,000円
合計		251,000円

＋15,000円の昇給となる

馬場さんの場合

現行給与	基本給	211,000円
移行案	本給S２下限金額	104,000円
グレードS２	仕事給S２「B」	110,000円
合計		214,000円

＋3,000円の昇給となる

ほかの社員の不満につながる可能性がある

(2) グレードを下げる

現状の「本給」が設定したグレードの金額に満たないので、グレードを下げてスタートしてもらおうという運用方法です。しかし、この方法は次の2つの理由であまりお勧めしません。

1つめは、**本人のモチベーションの低下につながる恐れがある**からです。たとえば、S3に格づけしようとした社員の現状の「本給」が、S3の「本給」下限額に達していないため、S2スタートにしたとしましょう。自分はS3グレードの実力は十分あると考えていた人が「あなたは『S2』だ」と言われたらどうでしょう。いくら会社側が現状の給与との兼ね合いだと説明したとしても、「自分の実力はS2レベルだと判断された」ととらえてしまう人もいるでしょう。

2つめは、**下位グレードにも収まりきれない場合がある**からです。該当する社員をひとつ低いグレードにしてしまうと、調整給が発生してしまう場合があります。たとえば、L1の下限額に達していない金額だったのでS3に格づけすると、今度はS3の金額をオーバーしてしまい、調整給を支給しないと収まらない人が出てくる場合があります。

こうなると、本来は給与が不足していたものが一転、「もらいすぎ」の調整給がついてしまいます。さらに、S3の上限からのスタートとなってしまうため本給昇給額もなく、昇格するには一定の期間と高い評価を要するため給与が上がりづらい状況となってしまいます。こちらも結果的に、本人のやる気をそぐことになる可能性が高いのです。

また、一般的な傾向として、グレードの下限額に満たない社員は若手で将来が期待できる人が多いものです。

つまり、上位グレードの仕事レベルを満たしているにもかかわらず、「年功型の昇給方法」や「社長の目が届いておらず陽の目を見なかった」ことが原因で、昇給が追いついていない人材が多いのです。

「グレードを下げる」パターンは、こうした将来の会社をになう有望な若手人材の成長の芽をつんでしまうことにもつながりかねないので、注意が必要です。

図39●マイナス調整給の対応方法②　グレードを下げる

A社

町田さんの場合

（単位：円）

	本給	仕事給	調整給	合計
S3	121,000	130,000	−15,000	236,000
↓				
S2	116,000	110,000	10,000	236,000

プラスの調整給が発生してしまう

馬場さんの場合

（単位：円）

	本給	仕事給	調整給	合計
S2	104,000	110,000	−3,000	211,000
↓				
S1	98,000	95,000	8,000	211,000

モチベーションの低下につながる恐れがある

(3) マイナス調整給を支給する

調整給には、「マイナス調整給」という考え方もあります。

119ページで説明したプラスの「調整給」は、本給のオーバーした金額を補うためのものでした。マイナス調整給は、不足する「本給」を補うものとして導入します。「－10、000円」などの表示が給与支給項目として加わりますが、実際に金額を支給するわけではありません。具体的な事例でお話ししたほうがわかりやすいと思いますので、A社の本給額が不足している2人、町田さんと馬場さんに対してマイナス調整給を導入したケースを考えてみましょう。

町田さんをS3グレードとすると「仕事給」はS3の「B」で130、000円、固定給からこの金額を引いて「本給」を算出すると106、000円となり、S3本給の下限を下まわってしまいます。

この町田さんの「本給」をまずS3の下限まで上げます。ここまでだと、①「給与を上げる」パターンと同じで、＋15、000円給与が上がった状態です。しかし、会社としてはすぐに給与を上げられないという場合、この矛盾を解消するために、「マイナス調整給」を使います。つまり、調整給を「－15、000円」として支給項目に加えます。

こうすることで町田さんの新しい給与は、次のようになります。

本　給	121、000円
仕事給	130、000円
調整給	－15、000円
合　計	236、000円

これでS3のテーブルの枠内に収まったうえで不足分を補うことができるのです。

S2の馬場さんも同様に、次のようになります。

本　給	104、000円
仕事給	110、000円
調整給	－3、000円
合　計	211、000円

マイナス調整給も、新給与体系への移行に伴って発生する不具合へのイレギュラーな対応です。あくまでも一時的な経過措置として、調整給と同じようになくしていく必要があります。しかしもらいすぎの「調整給」とは違い、「不足」している金額ですから、もし導入した場合は**できるだけ早い時期にマイナスを消す、すなわち調整給分を上げたほうがよい**でしょう。

A社の町田さんの場合だと、「あなたの給与は、本当はいまより15、000円高い236、000円が正当な金額なのだが、□□□だからもう少しこのままでがまんしてね」ということを伝えなければなりません。町田さんが納得するような「□□□」の部分に当てはまる言葉が考えられますか。

「会社に原資が不足している」

「この改革であなたとほかの数人だけアップするのが不公平」

このような理由で町田さんは納得するでしょうか？

なかなか難しいでしょう。

それを考えると、導入後最初の給与改定時にマイナス調整給を0円にするという対応がいちばんよいでしょう。A社の場合は図38（148ページ）の金額に昇給させることになります。

ただし、この場合も「なぜ町田さんだけ評価とは関係なく給与が上がるのか」という声があがる可能性はあるでしょう。

(4) 一定期間イレギュラーな本給を容認する

「本給」がグレードの下限額に満たない社員がいる場合に、そのままの金額で移行する方法です。基本的に「本給」は年に1回昇給があり、年数が経過すれば必ず下限を上まわる金額となるので、それまでイレギュラーな本給額を容認しようという考え方です。

この方法は、ルールに合わないものを残すので、厳格な基準にもとづいて給与制度を運用しなければならない大手企業ではありえない方法かもしれません。また、給与制度を中心にコンサルティングを展開している先生方も、こうしたアドバイスは行なわないかもしれません。

一方、中小企業ではこの方法で不満が出ることもなく、意外とスムーズに改革が進む場合もあります。しかも、この方法ならいちばん難しい**本給が不足している社員の矛盾を解決することができ、スムーズな導入が図れる場合が多い**のです。**トップの影響力が強い中小企業では、この方法を採用してもなんら問題ない**でしょう。

2

賞与支給基準の設計と運用方法

賞与で社員の〝やる気〟と会社の〝業績〟を高めるには？

次に、賞与の決め方について、解説していきましょう。

賞与については業績や成果に応じて支給する賃金という考え方が一般的で、支給額に差をつけている中小企業も比較的多く見受けられます。しかし、格差がついているからこそ不満の種につながる危険性もはらんでいます。

私が知る範囲では、社員の理解度や納得感が得られている会社のほうが少ないと実感しています。なぜ、そんなことになるのでしょうか？

① 賞与でモチベーションがあがらない理由

賞与で納得感が得られず、不満が生まれる原因は、次の3点を整備していないからです。

（1）賞与の位置づけと考え方が正しく認識されていない
（2）賞与のルールが明確にされていない

(3) 評価とその結果を本人に伝える面談が行なわれていない

この3つは賞与支給基準を作成するに当たって、押さえておかなければならないポイントですので、しっかり理解したうえで作成にとりかかってください。

(1) 賞与の位置づけと考え方が正しく認識されていない

賞与の支給額は、業績などに応じて会社側の経営判断で決めることができます。

ところが、賞与は会社の業績や自分の成績にかかわらず、一定額が確保されているものだという認識を社員がもっている場合があります。これはしばしば、「賞与が生活給になっている」という言葉で表現されますが、主な理由は会社が正しく賞与の位置づけを伝えていないことと、社員側の次のような生活設計にあります。

本来、月額給与の範囲内で毎月の生活をし、貯蓄などにもまわす余裕もあるのが理想です。ところが、社員の中には毎月、「手取り額－生活費」がマイナス、あるいはギリギリになってしまい、どうしても年2回の賞与も含めないと生計が成り立たないという生活を送っている人もいるのです。

こうした社員の中には、

「賞与は下がらない」
「賞与は、これまでもらった金額程度は毎回確保される」
「賞与は年々アップしていく」
といった誤った認識をもっている人もいます。

そこで、会社はまず社員に賞与の考え方を正しく理解してもらう必要があります。

賞与は次のように定義し、社員に伝えるとよいでしょう。

「賞与とは、会社の業績に応じてその支給総額が決まり、社員の評価結果によって分配され、支給額は毎回変動するもの」です。

この考え方が社員全員にきちんと理解されるまで、賃金規定や賞与支給基準などにも盛り込み、繰り返し社員に対して伝えていく必要があります。

そして、支給総額がどのように決まり、どういった基準と評価結果で分配されるのか、あらかじめルールを示し、支給後も社員全員に説明していくことが重要です。

図41 ● まず賞与の正しい位置づけと考え方を示す

社員の現状認識

下がることはない
生活費の一部だ
今回もアップするだろう

正しい考え方

- 会社の業績に応じて支給
  →支給されない場合もある
- 評価結果によって分配される
  →職位や評価に応じて変動する
- 支給額はあらかじめ確定されていない
  →以前の金額がベースになるものではない

（2）賞与のルールが明確にされていない

賞与に格差をつけていても、その基準があらかじめ明確にされていなかったり、基準があってもそのとおりに支給額が決められていなかったりする会社があります。81ページでご紹介したようにいまだに「えんぴつなめなめ型」で、社長が一人で全社員の支給額を決めている会社などもそれに当たり、中小企業には意外と多いものです。

実際、社員が50人を超える会社でも、賞与の金額やその決定プロセスは社長と奥様や親族からなる家族会議にゆだねられており、ブラックボックスと化しているケースがしばしば見受けられます。

こうした社長や奥様の中には、「社員の賞与を決めるのはトップの重要な仕事」と考えている方も多いようですが、それは大きな間違いです。もちろん最終決定権者はトップですが、評価はリーダーの役割です。これをまかせていかないからリーダーが育たないのです。

きちんと、**「賞与支給基準」を定め、社員全員に説明したうえで就業規則にも明記し、賞与額を決定する仕組みを確立してください。**

(3) 評価とその結果を本人に伝える面談が行なわれていない

賞与に差をつけるためには、その根拠が必要です。根拠となるのは**評価**です。評価制度のつくり方や運用の手順はのちほどくわしくご説明しますが、評価を行ない、面談を通じて評価結果とその判断理由をきちんと本人に伝えます。この評価結果にもとづいて賞与の支給額を決めるのです。

毎回こうした仕組みと手順を踏んで賞与を支給することによって、社員の賞与に対する不信感や疑問は確実に減っていきます。その結果、納得度を向上させることができ、ひいては仕事に対するモチベーションを向上させるきっかけになるのです。

評価制度をしっかり確立し、評価に対する納得度を高めたうえで、ルールにもとづいて支給額を決定してください。

図42●「賞与支給基準」で会社の業績配分と評価の反映方法をルール化する

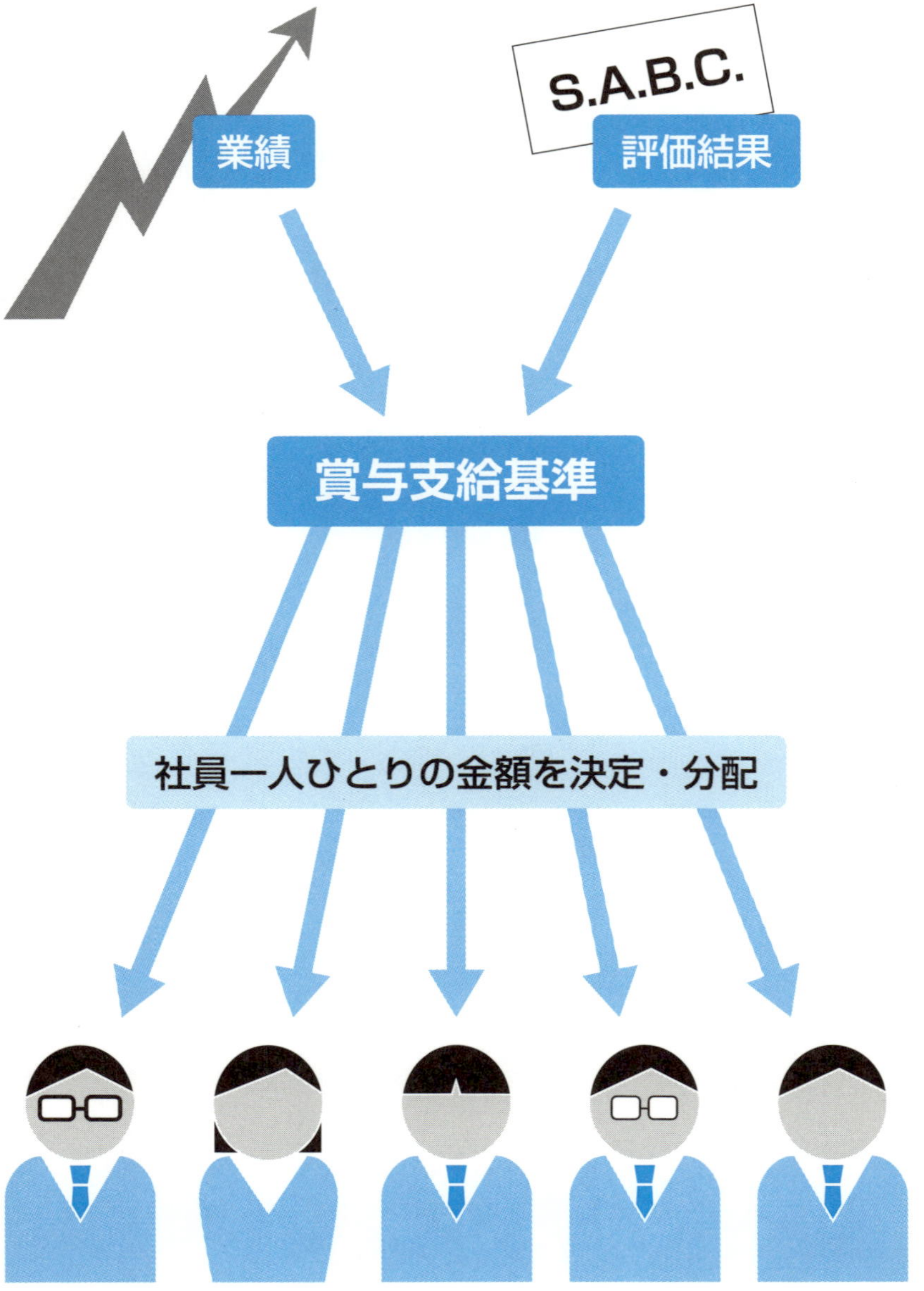

② 賞与支給基準のつくり方

それでは、いよいよ賞与支給基準について具体的な作成方法を説明しましょう。

賞与は、次の2つの要素についてルールを定めます。

（1）賞与の総支給額を決めるルール
（2）（1）を社員全員に分配するルール

（1）賞与の総支給額を決めるルール

まず、賞与の総支給額を決める基準を明確にします。

賞与の定義について「会社の業績に応じてその支給総額を決める」と伝えました。この定義どおりに支給総額を決めるルールを考えます。

たとえば以下のような形です。

賞与を決めるための業績指標を決める
⬇
指標からどうやって支給総額を算出するか決める

まず、賞与算定の起点となる、会社の業績指標を決めます。「会社の業績に応じて決める」わけですから、会社が自社の成長、目標達成のために重要となる指標とします。といっても、毎年の重点施策などで変わるのでは社員もとまどってしまいますので、少なくとも5年以上は使える指標としましょう。

具体的には、経常利益額、営業利益額、粗利益額などです。ここでは、私が490社以上に導入した結果、高い納得度が得られ、わかりやすい支給総額の決め方を2つ紹介しておきましょう。

1つめは、経常利益（もしくは営業利益）から算出する方法です。

一定期間の経常利益額　×　○○％

で総額を算出します。

ポイントはどうやって「○○％」を決めるかです。社員にいちばん説明しやすいのは、「経常利益の1／4、すなわち25％を賞与として分配し、社員に還元する」という決め方です。1／4の根拠は、確保した利益を、**「社員へ還元」「将来への投資」「納税」「会社に残す（税引き後利益として自己資本に充当）」**の4つに分配するという考え方によります。

2つめは目標の達成率で賞与支給総額を算出する方法です。指標は、「売上」「粗利益額」「経常利益」などです。

図43 ● 賞与の総支給額の決め方　その１
〜業績指標をもとに決定

例）

６カ月間の経常利益×25%

根拠

４分の１を社員に還元

４分の１は将来への投資

４分の１は納税

４分の１は会社の資本へ充当

業種・業態・規模によって賞与への分配比率は変わる

「粗利益額」を業績指標にした場合で見てみましょう。

まず、賞与総額を

社員の固定給（基本給＋役職手当）総額×一定期間の粗利益額目標達成率に応じた掛け率

で算出します。

ポイントは、**「目標達成率に応じた掛け率」をどのように決めるか**です。これも事例を紹介します。

まず、粗利益目標を１００％達成した場合、標準の賞与支給総額になるような「掛け率」を決めます。

たとえば、固定給の１・５倍を標準の賞与支給総額と考える場合、目標達成率が１００％のときは「掛け率　１・５」とします。これを基準に達成率が目標を上まわった場合は掛け率を大きくしていき、下まわった場合は小さくしていきます。もし、目標達成の難易度が高い会社の場合は、１００％達成した場合は標準の賞与支給額を上まわる掛け率としてもよいでしょう。

次ページに粗利益額をもとに算出した事例を紹介していますので、参考にしてみてください。

図44 ● 賞与の総支給額の決め方　その2
～業績目標の達成割合で固定給（基本給＋役職手当）をもとに決定

例）

社員の固定給総額×掛け率

↓

粗利益額目標の達成割合で決める場合

↓

● 掛け率基準

粗利益額目標達成率	掛け率
125%以上	2.5倍
115%以上125%未満	2倍
105%以上115%未満	1.75倍
100%以上105%未満	1.5倍
90%以上100%未満	1.25倍
80%以上90%未満	1.0倍
80%未満	0.75倍

（2）賞与を社員全員に分配するルール

次に（1）で決めた賞与の支給総額を社員一人ひとりに分配するルールを定めます。まず、社員それぞれの賞与支給額は次のようにして計算します。

賞与支給額 ＝ 賞与ポイント × ポイント単価

この算式で賞与額を算出するためには、「賞与ポイント」を決め、「ポイント単価」を算出するためのルールが必要です。

「賞与ポイント」は、2つの要素で決まります。「グレード」と「評価結果」です。具体的には次ページのような賞与ポイント表を作成し、これにもとづいて社員一人ひとりのポイントを決めます。

この「賞与ポイント表」の設計で、社員間の賞与にどのくらい差がつくかが決まります。グレード間の格差と評価結果による格差の2軸で慎重に検討しながら決定しましょう。

次ページに、格差を大きくつけたい場合と小さくしたい場合の事例をご紹介していますので、参考にしながら自社に合ったものを作成してください。

図45 ● 賞与ポイント表事例

■グレードや評価結果で大きく格差をつけたい場合

	SS	S	A	B	C	D	E	ポイント差
M2	1,300	1,200	1,100	1,000	900	800	700	100
M1	840	760	680	600	520	440	360	80
L1	500	450	400	350	300	250	200	50
S3	290	260	230	200	170	140	110	30
S2	175	160	145	130	115	100	85	15
S1	130	120	110	100	90	80	70	10

■グレードや評価結果での格差を小さくしたい場合

	SS	S	A	B	C	D	E	ポイント差
M2	720	680	640	600	560	520	480	40
M1	490	460	430	400	370	340	310	30
L1	295	280	265	250	235	220	205	15
S3	230	220	210	200	190	180	170	10
S2	191	184	177	170	163	156	149	7
S1	165	160	155	150	145	140	135	5

もうひとつの要素、ポイント単価は、次の算式で求めることができます。

ポイント単価 ＝ 賞与支給総額 ÷ 全社員のポイント合計額

（1）で決めた賞与支給総額のルールにもとづいて賞与の支給総額が決まっているはずです。同じ対象期間の社員の評価結果が出れば社員一人ひとりの獲得ポイントが自動的に決まります。全社員のポイントを合計し、これで支給総額を割ればポイント単価が算出できるというわけです。これを各社員の獲得ポイントに掛ければ、全員の賞与支給額が決まります。

この賞与支給基準のよいところは、**「会社の業績」と「自分の評価」の2つの要素で賞与額が決まる**点です。

つまり、社員全員でがんばって会社の業績があがれば賞与の支給総額は増え、個人の支給額もアップします。また、個人でがんばって評価結果が高ければこちらでも賞与アップにつなげることができます。

逆に、自分だけ評価がよくても会社全体の業績が悪ければ、支給総額は少なくなり、個人の支給額にも影響するのです。

こうした考え方を導入することで、**「個人でがんばればよいだけではなく、チームで部門や会社の業績へ貢献するにはどうしたらよいか」という考えと行動に社員を導くことができる**のです。

小さな会社で個人主義や部門間のセクショナリズムなどがあっては生産性があがりません。個人の賞与を「会社の業績」と「自分の評価」の2つの要素から決めることで、全社員が全体の最適性を考えて動けるように仕向ける、ひとつの仕組みとして活用することができるのです。

次ページから、賞与の仕組みを社員に説明し、理解してもらうための「賞与支給基準」の事例を掲載しました。

「賞与支給基準」は、数値などを自社のものに変えればそのまま活用できるものですので、ぜひご活用ください。

また、巻頭の別表2には「賞与支給額算出シミュレーション例」を掲載しています。これを参考に自社の社員の実態に合わせて、「基本給額」や「賞与ポイント」を変更し、導入前のシミュレーションを行なってみてください。

図46●賞与支給基準の例

■賞与支給日　夏季賞与　7月15日
　　　　　　　冬季賞与　12月15日

■対象期間

区分	対象期間
夏季賞与	前年10月〜3月
冬季賞与	4月〜9月

■支給額算出基準

賞与支給原資＝対象期間、経常利益の25%
賞与支給額＝獲得ポイント×ポイント単価
ポイント単価＝総支給額／全社員評価ポイント合計
評価ポイント　下記賞与ポイント表にもとづき決定
賞与評価　　　上記評価期間における評価結果

賞与ポイント表

賞与評価＼グレード	SS	S	A	B	C	D	E	ポイント差
M2	1,300	1,200	1,100	1,000	900	800	700	100
M1	840	760	680	600	520	440	360	80
L1	500	450	400	350	300	250	200	50
S3	290	260	230	200	170	140	110	30
S2	175	160	145	130	115	100	85	15
S1	130	120	110	100	90	80	70	10

（3）賞与支給基準の移行調整期間を設ける

ここまで賞与支給額の決め方のルールを紹介しました。

ただし、これまで紹介した方法で実際の賞与額を決めると、同グレードで評価結果が同じ人は賞与の支給額も同額となります。もちろん適正な考え方のもと決定できるので、このまま導入、移行できれば理想なのですが、支給額を実際に算出してみると、これまで支給していた賞与額から大きく変動する社員が出る場合もあります。

こうした実状に対して、新しい制度に完全移行できるまで調整を行ないながら支給額を決定する移行措置をとる場合があります。新しいルールで算出した賞与支給額と前回支給額を比較しながら、その差額を個別に調整します。

具体的には、評価が下がったわけではないのに新ルールを適用すると支給額が下がる人に対してプラスするという調整です。

これを1～3回程度行ない、新しい基準と考え方を十分理解、浸透させたうえで完全移行を行ないます。

また、これまで基本給をベースとして賞与の支給額を決めてきた会社の場合、支給原資の一定比率を全社員「固定給（基本給＋役職手当）×掛け率」という考え方で支給する方法もあります。

（1）で決めた支給総額をさらに、「固定給×係数」で導く原資と、グレードと評価結果によるポイントで導く原資に分解します。

たとえば、支給総額のうち50％を固定給分、50％を成果配分という原資に分解するのです。このうち、基本給分の原資を全社員の「基本給＋役職手当」で割って係数を出し、全社員にこの係数を掛けて算出した額を基本給分とします。一方、成果配分に割り振った原資は、先ほど紹介したグレードと評価によって決まるポイント係数で決める方法で金額を算出します。この合計額を社員の支給額とします。

この方法を取ることで、基本給ベースの決め方を残したまま、評価結果による実力を反映する考え方を取り入れることができます。

次ページに、固定給分：賞与ポイント配分＝5：5とした支給基準の事例をご紹介していますので参考にしてみてください。

図47●賞与支給基準例　固定給反映パターン

■支給額算出基準

賞与支給原資＝対象期間、経常利益の25%

固定給分支給総額　＝　賞与支給原資　×　50%
個別固定支給額　＝　固定給　×　固定支給係数
固定支給係数　＝　固定給分支給総額　÷　全社員固定給合計

評価支給総額　＝　賞与支給原資　×　50%
個別評価支給額　＝　個別賞与ポイント　×　ポイント単価
ポイント単価　＝　評価支給総額　÷　全社員賞与ポイント合計

評価ポイント　：　下記評価ポイント表にもとづき決定

賞与ポイント表

	SS	S	A	B	C	D	E	ポイント差
M2	720	680	640	600	560	520	480	40
M1	490	460	430	400	370	340	310	30
L1	295	280	265	250	235	220	205	15
S3	230	220	210	200	190	180	170	10
S2	191	184	177	170	163	156	149	7
S1	165	160	155	150	145	140	135	5

3

賃金移行前に必要な対策

年収シミュレーションで人件費の把握と社員の対策を行なう

賞与支給基準が完成し、先の給与制度と合わせて新しい賃金体系に移行できるめどがついたら、社員の年収がどうなるかについてあらかじめシミュレーションしておきましょう。

給与に関しては調整給などを活用するなどして、現行の金額そのままで移行できるような工夫をしました。

一方、賞与は「会社の業績に連動して支給総額を決め、評価結果に応じて分配する」考え方を取り入れるため、支給額は毎回変動することになります。移行前に比べて、上がる人もいれば、下がる人も出てきます。この結果、会社は業績の結果に応じて人件費をコントロールできるようになり、経営の安定化が図れます。

ところが、繰り返しますが、中小企業では賞与を生活給的位置づけにとらえている社員も多いため、これが保障できないとなると不満につながる場合もあります。そこで、給与だけではなく賞与も組み込んだ年収のシミュレーションをあらかじめ行なって、誰がどのくらい下がる可能性があるのかを把握したうえで、社員に理解してもらっておいたほうがよいでしょう。

年収シミュレーションの流れ

シミュレーション方法ですが、まず、社員全員の過去1年分の年収を算出します。これと、新賃金制度移行後の年収額を算出し、差額を比較します。

給与については、基本的にはスライド（同額）で移行するわけですから問題ありません。ポイントになるのは、移行後の賞与金額をどのパターンにもとづき算出するかです。

少なくとも、総支給額と社員の賞与ポイントの両方で、シミュレーションをしておきましょう。考えられるパターンは次のとおりです。

総支給額のパターン

Ⅰ 会社目標達成度が標準レベル

例）目標達成率　１００％の場合の総支給額

Ⅱ 会社目標達成度が高かった場合（想定される範囲内）

例）目標達成率　１２０％

Ⅲ 会社目標達成度が低かった場合（想定される範囲内）

例）目標達成率　80％

賞与ポイントのパターン

ⅰ 全社員が「B評価」だった場合のポイント
ⅱ 評価に差をつけた場合のポイント

それぞれのパターンを組み合わせると、次の6つの賞与シミュレーションができます。

Ⅰ×ⅰ　Ⅰ×ⅱ　Ⅱ×ⅰ　Ⅱ×ⅱ　Ⅲ×ⅰ　Ⅲ×ⅱ

この6つのパターンで、想定年収を算出し、過去1年の年収と比較しておきましょう。

すべてのパターンを細かく社員全員に説明する必要はありませんが、経営幹部、できれば評価を行なうリーダーとはしっかり内容とシミュレーション結果を共有し、社員から質問があった場合はきちんと答えられるようにしておくことが重要です。

巻頭の別表3にシミュレーション例を1パターン掲載していますので参考にしてみてください。また、計算式入りのエクセルシートをウェブからダウンロードできるようにもしています。ぜひ活用してください（ダウンロード方法は9ページをご覧ください）。

ここまで、「給与制度」と「賞与支給基準」について、つくり方、導入方法、それぞれのポイントと注意点について解説しました。

できるだけ専門用語などは使わずに、誰でも理解でき、どんな会社でも具体的に移行シミュレーションなどができるようにご紹介してきましたので、手順にそって設計、導入すれば、ほとんどの中小企業で納得度の高い「賃金制度」を確立することができるでしょう。

ここまで読んでいただいて、いまの時点で、「早速、設計に取り組んでみよう」と決意を固めた方も多いことでしょう。

そんな方へのメッセージです。

"まだ、「賃金制度」設計には取りかからないでください！"

なぜ？　それは、次章でくわしくご説明します。

なお、念のためお伝えしますが、本書でご紹介してきた給与体系や給与テーブル、賞与支給基準は、これまで支援してきた４９０社超の中小企業でもっとも多く導入、運用している仕組みのひとつです。改革前の賃金制度やトップの考え方に応じて、異なった給与・賞与の体系を導入する場合もあります。

第5章

「賃金制度」で成果を出すために必要な5つのステージ

1

5つのステージで理想の組織をつくる「ビジョン実現型人事評価制度」

「賃金」で組織を崩壊させないために必要なリーダーの力

①「賃金制度」はまだ導入するな！

これから、世の中の中小企業が成長・発展するために、もっとも重要なポイントをお話ししますので、しっかり理解して実践に結びつけてください。

中小企業の成長がストップしたり、売上は拡大できても生産性はあがらなかったりする根本的な要因を明らかにします。

第4章までで、給与、賞与の仕組みに関して、設計、導入の方法とそれぞれポイントを解説してきました。そして最後に〝「賃金制度」の設計にはまだ手をつけないでほしい〟とお伝えしました。

ここまで読み進めた方は、その理由はご理解いただいているでしょう。しかし、「はじめに」でまずご紹介した中小企業の生産性を向上させ、そこで働いている人たちの年収アップを実現するために必要な考え方ですので、再度確認しておきます。

実際、私自身もコンサルタントとして駆け出しのころは、「賃金制度設計のみ」あるいは「賃金制度を中核とした人事制度」を仕事で受けたこともあります。ところが、**そうした会社は100%失敗に終わった**のです。

第1章でも私の苦い体験として紹介しましたが、「賃金制度」ができても導入すらできない、導入しても評価を連動させて給与や賞与を決めることができず、逆に不満が増大する。その結果、あいかわらず社長が一人で決めている、といった状態でした。

実は、こうした会社は評価や賃金だけでなく、なんでも社長が一人で決めているという経営スタイルだったのです。

その原因は、**リーダーにありました**。

しかし、それをつくったのは社長自身だったのです。

くわしく説明しましょう。

② 中小企業のリーダーに欠けている2つの力

決してリーダーが悪い、能力が低いと言っているのではありません。

そして、一般的によく問題視されている、リーダーの評価スキルが低いということだけでもありません。もっと根深い、中小企業ならではの組織の重要な課題を解決しなければ、賃金の改革など到底無理だったのです。

その課題とは、**中小企業には中間管理職が存在しない**ということです。

どういうことか、もう少しくわしく説明しましょう。

もちろん、社員が20〜50人の中小企業でも部長や課長、あるいは常務、取締役といった役職をもったリーダーは存在します。

ところが、こうした人たちには、**管理職として重要な2つの力**についての認識が欠けていたのです。それは

「部門をマネジメントする力」

「部下を育成する力」の2つです。

私はこの問題に気づくのに、10年以上の歳月を要しました。

③ なぜ、中小企業には中間管理職が存在しないのか

「経験が長い人」

「部門で求められるスキル（営業力や現場での技術など）が秀でた人」

「まわりとのコミュニケーション力がある人」

「まわりから頼りにされている人」

「社長の親族」


これが中小企業で求められ、重用視される幹部・リーダー像の実態です。

つまり、自身がプレイヤーとして優秀であり、上司や部下とうまくやれる人が「いい中間管理職」なのであって、部下のマネジメント・育成を求められてこなかったのです。

これは、決して本人に非があるわけではありません。

社長もまわりもこの状況をよしとし、ずっとこうしたリーダーの存在を容認、いや黙認してきたのです。もっと正確に言うと、**組織の成長のためにはリーダーの育成が課題だということは、誰しもわかってはいるが手がつけられていない**、結果として後まわしとなっていたのです。こんな状態の中で評価をリーダーにまかせて面談をさせ、その結果で賃金を決めても組織の混乱を招くだけだったのです。

図48 ● 成長し続ける組織と成長がストップする組織

成長している組織の管理職

- 部門のマネジメントができる
- ヒト・モノ・カネ・情報を活用
- 目標達成のPDCAを徹底
- 部下育成ができる

↕

中小企業の管理職

- 担当職務経験が長い
- スキルが高い
- 実績をあげた
- コミュニケーション力がある
- 社長の親族

④ 組織を成長に導く「人事評価制度」のつくり方

この中小企業のリーダーに欠けている2つの力を身につけさせることができるのが、本書でご紹介している「ビジョン実現型人事評価制度」です。早速、その手順からご紹介しましょう。

ステージ1「経営計画」を策定する ⬇ ステージ2「評価制度」を構築する
⬇ ステージ3「評価制度」を運用する ⬇ ステージ4「経営計画」を運用する
⬇ ステージ5「賃金制度」を設計する ⬇ 全体を連動させて運用する

これが理想の「人事評価制度」づくりの5つのステージです。

まず「経営計画」で、「経営理念」や将来の「ビジョン」を示し、実現に向けた「事業計画」や「戦略」を明確にします。これにそって社員一人ひとりの役割を落とし込んだ「評価基準」を作成し、運用することで会社が求める人材づくりを行なうことができます。また、リーダーが中心となって目標達成に向けた戦略を推進することで、会社の戦略推進をまかせられるリーダーが育ちます。その成果と成長の結果を賃金に結びつけるのです。

この一連の仕組みが、**「ビジョン実現型人事評価制度」**です。

私は、設計や導入時のコンサルティングだけではなく、運用面でも現場のリーダーや社員たちとひざをつき合わせて、本音で議論しながら一緒に仕組みづくりを行なってきました。

もちろん、「会社をよくしたい」というベクトルはみんな共通です。

こうした実践と現場からのフィードバックにもとづく改善を数えきれないくらい行ない、「ビジョン実現型人事評価制度」は、徐々にブラッシュアップされていきました。その結果、現段階の「ビジョン実現型人事評価制度」は、**もっとも人材の成長や会社の業績アップにつながりやすい仕組み**に仕上がっています。

なぜ「ビジョン実現型人事評価制度」が人材の成長や会社の業績アップにつながりやすいかというと、この仕組みを通じて、**リーダーが「部門マネジメント」と「部下指導育成」を実践しながら成長する**からです。つまり、中小企業の成長の阻害要因となるリーダーに不足する2つの力を「ビジョン実現型人事評価制度」を通じて身につけてもらうことができるのです。

「部門マネジメント」と「部下指導育成」は、いずれも仕組みの中にその手順と実践のためのツールが組み込まれているため、リーダーに事前に専門的な教育機関の研修を受けさせる必要はありません。これからお伝えする仕組みの全体像を、細部まで実践し、徹底して継続できれば、成果につながることは私が保証します。

それだけ自信をもって中小企業の社長にお勧めできる仕組みです。

図49●人材と組織を成長に導く
「ビジョン実現型人事評価制度」作成の５ステージ

ステージ１　「経営計画」を策定する

↓

ステージ２　「評価制度」を構築する

↓

ステージ３　「評価制度」を運用する

↓

ステージ４　「経営計画」を運用する

↓

ステージ５　「賃金制度」を設計する

↓

全体を連動させて運用する

刂的No.1
目る」と言われる会社

4【人事理念】

自 P.194～197 で説明 材

ができる人材
ことができる人材
で成果を出せる人材
影響を与えられる人材

人材

材
レンジできる人材
りきる人材

ための課題】

と、実現のために部下を先導するリーダー
割を部下に落しこみPDCAを推進できるリーダー
報を最大限活かせるリーダー
題の明確化と成長支援ができるリーダー
と落とし込みを徹底
社員の目標達成プロセス支援、PDCAを徹底
プロセスの標準化と実践
敗を恐れずチャレンジできる体制づくり
こ向けて行動できる人材づくり
ェックの仕組みづくり
化、報告・連絡・相談のルールと徹底

1【経営理念】

人の成長 P.194～197 で説明 貢献し、
愛され続 ます

2【基本方針】

1	お客様に寄り添った商品とサービスを提供し続け、いつも頼りにされる存在となります
2	お客様と感動を共有し、次代につながる関係性を築きます
3	こだわった独自の商品・サービスを開発、提案し続けます
4	社員が成長しながら、夢を P.194～197 で説明 場環境を実現します
5	全社員の生活向上をめざし、魅力ある会社創りを推進します
6	地域に愛され、なくてはならない会社を目指します

3【行動理念】

1	お客様の声を謙虚に受け止め、品質とサービスの向上に活かします！
2	期待を超える企画や提案で価値を提供し、お客様との信頼関係を築きます！
3	時代をとらえた独自の視点 P.194～197 で説明 ッシュアップし続けます！
4	目標に対する執着心をもっ きます！
5	すべての原因は自分にあると考え反省し、自ら変えようと試みます
6	すべてのできごとは必然、自分の成長のためにプラスにとらえます！
7	新しいことにチャレンジし、成長し続け自己の価値を高めます！
8	前向き、プラスの言動で明るさとパワーを発信します！
9	リーダーシップを発揮し、チームワークで組織力を高めます！
10	地域とのコミュニケーションに努め、人間力を磨き続けます！

図50●ビジョン実現シート

人材成長プロジェクト

6【5カ年事業計画】

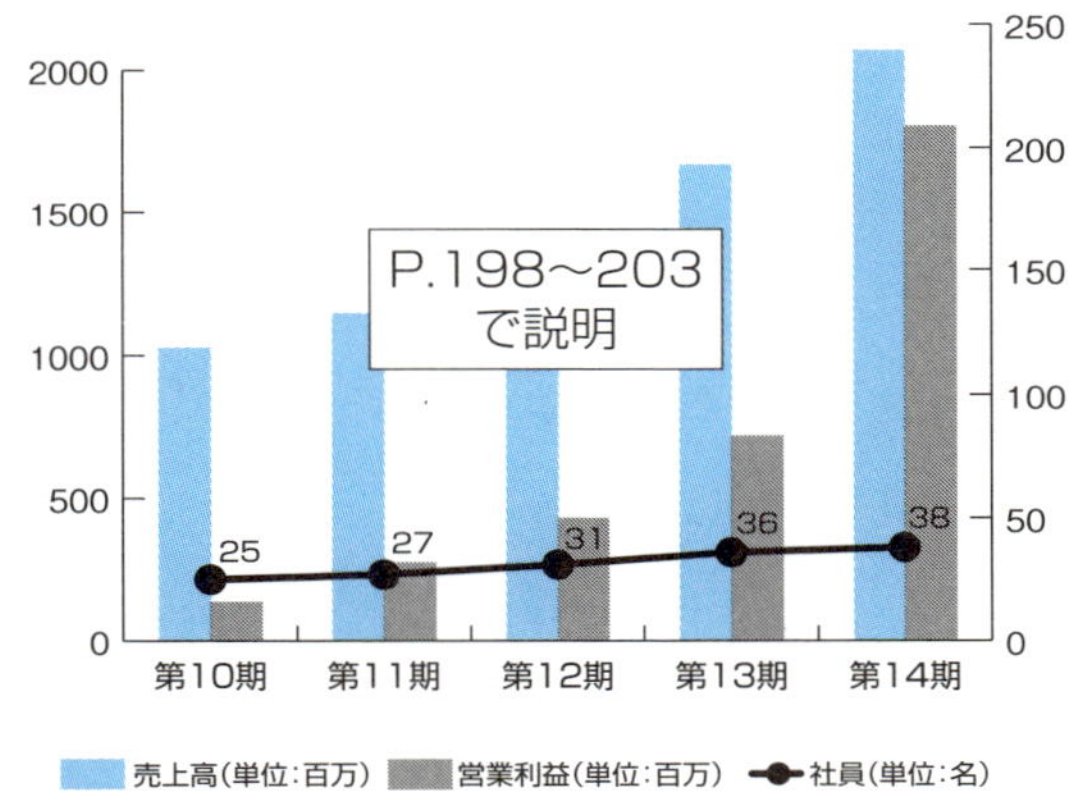

5【ビジョン】

売上高 …破
○○ …で圧
地域 …ら

P.198～203
で説明

7【戦略】

ダウンロード
参照

8【現状の人材レベル】

強み

- 明るく元気があり前向き
- 真面目な人が多い
- 協調性がある
- 責任感がある

- 複数業務をこなせる
- 指示されたことはすぐやる

意識面 ← P.204～208 で説明 → **実務面**

課題

- マイナス思考
- 指示待ちが多い
- 自己啓発していない
- 自責で物事を考えない
- 危機意識がない
- 目標への執着心が弱い
- 地域貢献意識の不足
- 継続性がない

- 報・連・相が遅い
- 整理整頓ができない
- スケジュール管理ができない
- PDCAがまわせない
- 数字に弱い
- プロとしての商品知識が少ない
- 部下指導不足

9【5年後の社員人材像】

リーダー

- 理念・ビジョンを部門に浸透させる
- 目標の達成に向けて、部門をまとめ
- 戦略・アクションプランを実践する
- 何事にも情熱をもってのぞみ、まわ

全社員

- 理念
- 目標 …り組
- 自発的に考え、行動できる人材
- 改善を繰り返し、つねに向上を目指
- プラス思考で、積極的に課題解決に
- 仕事に熱意をもってのぞみ、最後ま

P.204～208
で説明

10【ギャップを埋める

リーダー

- **経営計画の落とし込み** 経営計画の
- **目標達成推進力** 部門目標達成に必要
- **組織運営力** 部門のヒト・モノ・カネ
- **人材育成力** 部門全員のスキル把握

全社員

- **経営** …画の
- **目標** …によ
- **スケジュール管理** スケジュール管
- **自発的な行動とチャレンジ** 自ら考え
- **チームワーク** 部門、チームの目標
- **3S** 整理・整頓・清掃のルールと実
- **報・連・相の仕組み** 会議体制の仕

P.204～208
で説明

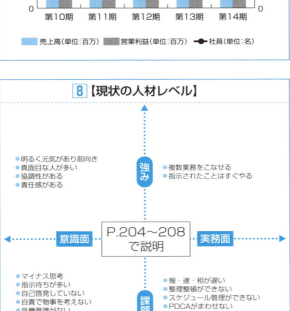

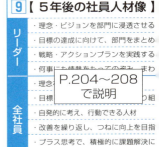

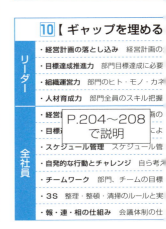

2 ステージ1 「経営計画」を作成する

社員全員のベクトルを一致させる「経営計画」とするには

①「経営計画」の実現に必要な10の要素

ここで紹介する「経営計画」は、490社を超える中小企業の現場で19年以上かけて実践しながらたどりついた完成形です。人材の育成を通じた組織づくりに必要な要素を盛り込んだうえで、社員に実践してもらい、成果に結びつけやすい構成になっています。

具体的には「ビジョン実現シート」というフォームにそって作成していきます。全体像のイメージを前ページに掲載した「ビジョン実現シート」でつかんでください。

なお、「経営計画」の考え方と作成手順は、拙著『小さな会社は「経営計画」で人を育てなさい！』（あさ出版）でくわしく解説していますので、作成の手引きにご活用ください。

「ビジョン実現シート」は次の3つのブロック、10の項目からできています。

【理念】ブロック

1 経営理念

2 基本方針

3 行動理念

4 人事理念

【目標】ブロック

5 ビジョン

6 5カ年事業計画

7 戦略

【人財育成目標】のブロック

8 現状の人材レベル

9 5年後の社員人材像

10 ギャップを埋めるために必要な課題

このフォームで「経営計画」を推進することで社員の理解を進め、実践と成果につながりやすくなりますので、ぜひ作成してください。

②「理念」は4つの視点で作成することでわかりやすくなる

それでは早速、「理念」のブロックで作成する4つの項目とそれぞれの位置づけ、考え方をご紹介しましょう。

1 経営理念　会社はなんのために存在するのか、自社の存在意義、最終目的地・ゴールを定めたもの。

2 基本方針　会社が「経営理念」に向かって成長していくためにはどんな考え方、姿勢で事業を行なえばよいのか。「経営理念」を実現したとき、またその過程で会社がまわりにどんな影響を与え、どのように貢献していくのかを明確にしたもの。

3 行動理念　「基本方針」にそって事業を推進し、「経営理念」に向かっていくために社員に求められる行動・考え方を示したもの。

4 人事理念　会社の人材に対する根本的な考え方、育成するためのかかわり方、スタンスを明確にしたもの。

この4つの要素の考え方の関係性を図にすると図51（197ページ）のようになります。

よく「経営理念」を長い文章や複数の項目で表現したものも見かけます。しかし、「経営理念」は自社が行き着くべき最終ゴール、存在価値ですから本来はひとつ、一カ所しかないはずです。ですから「経営理念」はできるだけシンプルにひとつ、一文とすることをお勧めします。ただし、ほかにも会社の根幹となる考え方を3つ「理念」として定めます。「基本方針」「行動理念」「人事理念」です。

「経営理念」で会社はなんのために存在し、どこを目指すのかをはっきり示します。しかし、どんな姿勢や考え方、手段を使ってでもそこに行き着けばよいのかというと、そんなことは許されません。この「経営理念」実現までの指標となる考え方を示したのが「基本方針」です。これを、「顧客」、「商品」、「社員」、「自社」、「関係先」、「地域・社会」などに対して、それぞれどんな姿勢、考え方でかかわり、どのような影響を与え貢献していくのかを文章化します。

また、「経営理念」は社員全員で目指し達成するものです。ということは、社員全員がつねに「経営理念」にそって行動できるようになれば、その実現性は確実に高まります。そのためには、社員それぞれが担当する仕事上でどのような姿勢、考え方で業務に当たればよいのかわかるようにするとよいでしょう。この役割を担うのが「行動理念」です。

そして、「理念」の実現のためになくてはならない人材に対する考え方が「人事理念」です。

このように、「理念」を4項目とし、それぞれの位置づけと役割を明確にすることによって「経営理念」に対する社員全員の理解度が深まり、浸透させやすくなるのです。「人事理念」をもとに社員を育成し、全社員が「行動理念」にそって行動できるようになると、会社が「基本方針」どおりに動いていることになり、どんどん「経営理念」に向かって会社が進んでいくことができます。

また、顧客や仕入先、協業先、金融機関や業界にかかわる人、地域住民など、自社と接点をもつ社外の人たちと理念を共有することも重要です。こうした人たちに対しても4つの視点で「理念」を打ち出すことで、会社の考え方や方針を理解してもらい、共感を得、協力や支援につなげることができます。

こうして会社にかかわるすべての人たちを巻き込むことで、社内外への会社の影響力は高まります。その結果、「目標」や「理念」に向かう推進力は確実に強くなり、会社は発展していくのです。私は、その過程を5年、10年、15年とコンサルティングでかかわりながら、多くの中小企業で体験してきました。その様を見ていると、まさに生き物のように会社が躍動しながら進化していくのが体感できます。

このように、**自ら進化、発展していく理想の組織を実現できるのが、「経営計画」を根幹とした「ビジョン実現型人事評価制度」**です。

図51●会社を成長させる「理念」の構成

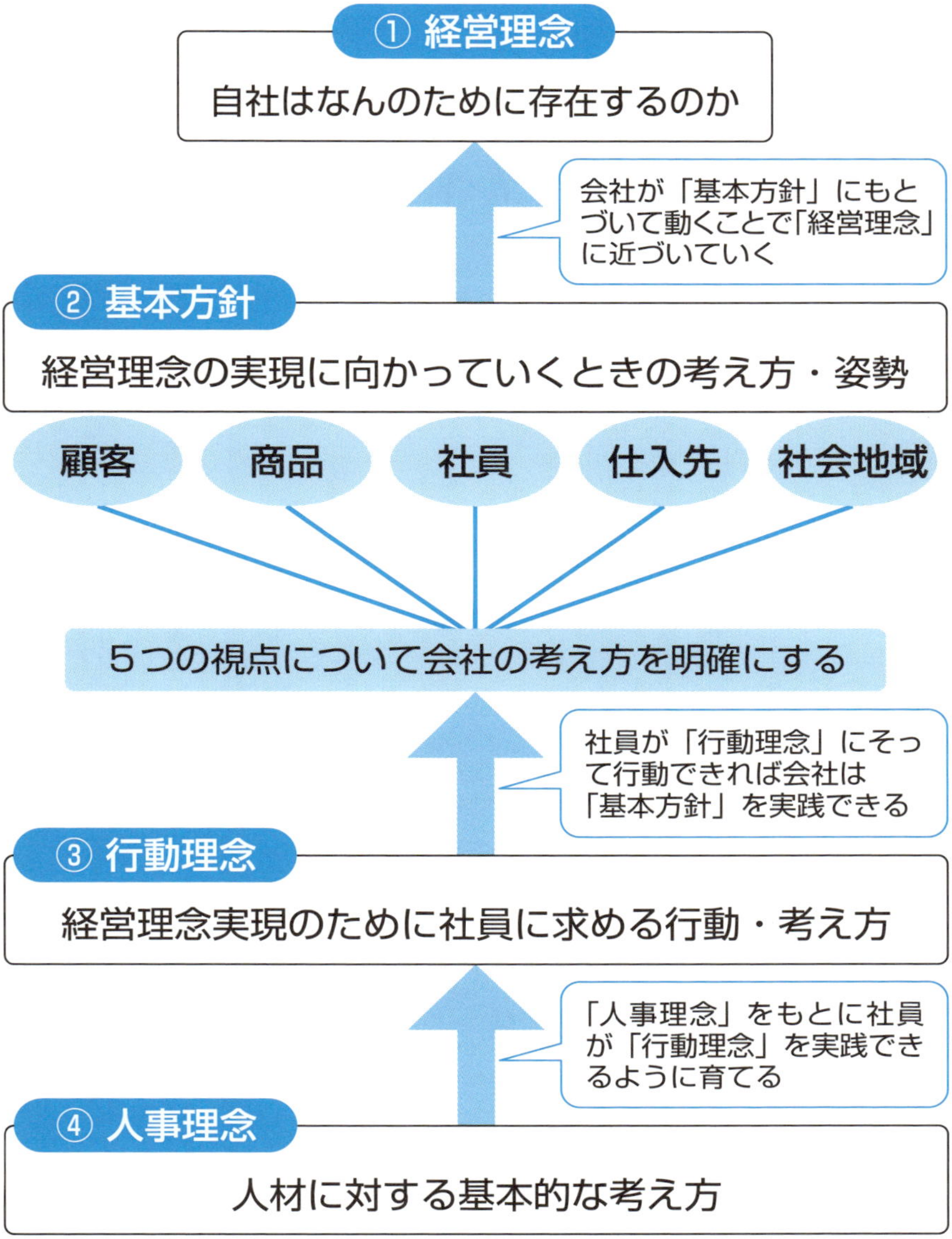
① 経営理念
自社はなんのために存在するのか
会社が「基本方針」にもとづいて動くことで「経営理念」に近づいていく
② 基本方針
経営理念の実現に向かっていくときの考え方・姿勢
顧客
商品
社員
仕入先
社会地域
5つの視点について会社の考え方を明確にする
社員が「行動理念」にそって行動できれば会社は「基本方針」を実践できる
③ 行動理念
経営理念実現のために社員に求める行動・考え方
「人事理念」をもとに社員が「行動理念」を実践できるように育てる
④ 人事理念
人材に対する基本的な考え方

③ 3つの要素で「目標」を定め、5年後のあるべき姿とプロセスを明確にする

「理念」ができたら「理念」に到達するまでの通過点「ビジョン」を掲げ、そのプロセスを「5カ年事業計画」として数値化します。そして、これを達成するための手段、手法を「戦略」として明確にします。

「ビジョン」、「5カ年事業計画」、「戦略」の3つを作成するのが、「目標」のブロックです。

5 ビジョン

5~10年後の会社のあるべき姿を明確にしたもの。定量的なビジョンと定性的なビジョンがあるほうがわかりやすい。とくに、定性ビジョンは社員がワクワク感をもって、社長と全社員で目指したいと実感できるものが理想。

6 5カ年事業計画

5~10年間の数値目標(10年間だと10カ年事業計画)を明確にする。年度ごとの損益計算書を作成する。さらにその中で、売上については内訳を明確にすることで、どうやって売上目標を達成するのかその手段を示す。

7 戦略

「5カ年事業計画」を実現するための打ち手、手段、手法を具体化したもの。

図52● 3つの項目で5年後の会社の姿とそのプロセスを描く

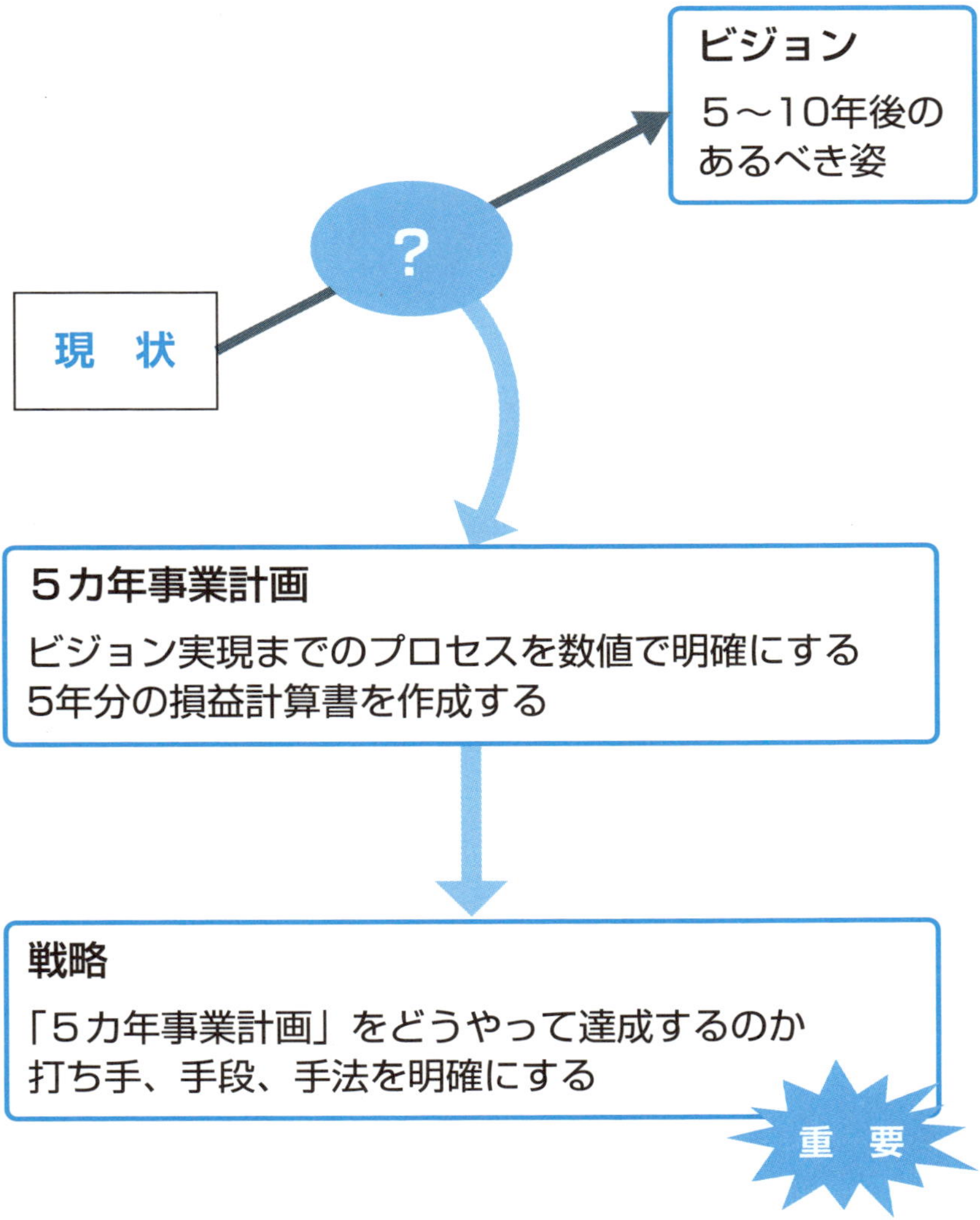

この3つの中で、中小企業が苦手としているのが「戦略」です。「戦略」は、次の項で説明する「評価基準」に落とし込みます。これにそって社員が行動することで「5カ年事業計画」を達成できる人材に社員を育てることができます。また、本章5項で解説する「アクションプラン」を通じて具体的な推進計画として実践していくことで、「5カ年事業計画」が達成できるのです。

このように**「戦略」は、「経営計画」の中ではもっとも業績への影響力が大きいにもかかわらず、ここに力を入れている中小企業は少ない**のが現状です。

実はこれが、中小企業の「稼ぐ力」すなわち生産性に密接にかかわってきます。

「戦略」は、「ビジョン」の実現に必要な業績目標、「5カ年事業計画」を達成するための取り組み、その手段や打ち手を明確にしたものです。目標数値だけを示して「戦略」が明示されていない会社は、達成に向けた取り組みと手段、打ち手は社員まかせということになってしまいます。こうした会社では目標の達成度がバラついてしまいますし、リーダーや営業マンの力量次第ということになってしまうでしょう。

「はじめに」でご紹介しましたが、中小企業の生産性は大企業に対して約42%です。「目標」＝「ゴール」までのプロセスを明確にし、達成に向けてＰＤＣＡをまわしながら組織を動かしていく仕組みがないことが、「稼ぐ力」を高められない大きな要因なのです。

「経営計画」を通じた「戦略」の推進は間違いなく、あなたの会社の「稼ぐ力」を高めます。

「戦略」についても、そのまま使える戦略事例、「アクションプラン」の推進手順やツールなどを『小さな会社は「経営計画」で人を育てなさい！』（あさ出版）でくわしく解説していますので、ぜひご活用ください。

※売上高欄以外の%は売上構成比（単位：百万円）

	第12期		第13期		第14期	
	20●●/4～20●●/3		20●●/4～20●●/3		20●●/4～20●●/3	
	1,395	121.9%	1,669	119.6%	2,070	124.0%
	402	28.8%	459	27.5%	500	24.2%
	465	33.3%	511	30.6%	638	30.8%
	121	8.7%	46	2.8%	0	0.0%
	154	11.0%	155	9.3%	161	7.8%
	178	12.8%	233	14.0%	302	14.6%
	59	4.2%	187	11.2%	274	13.2%
	16	1.1%	78	4.7%	195	9.4%
	591	42.4%	590	35.4%	550	26.6%
	372	26.7%	375	22.5%	380	18.4%
	224	16.1%	329	19.7%	521	25.2%
	208	14.9%	321	19.2%	466	22.5%
	0	0.0%	54	3.2%	153	7.4%
	857	61.4%	1,014	60.8%	1,233	59.6%
	538	38.6%	655	39.2%	837	40.4%
	284	20.4%	337	20.2%	367	17.7%
	204	14.6%	235	14.1%	261	12.6%
	488	35.0%	572	34.3%	628	30.3%
	50	3.6%	83	5.0%	209	10.1%
	1	0.07%	1	0.06%	1	0.05%
	5	0.36%	4	0.24%	2	0.10%
	46	3.3%	80	4.8%	208	10.0%
	52.8%		51.5%		43.8%	
	17.4		18.2		22.0	
	9.2		9.4		9.7	
	23		25		26	
	1		2		2	
	6		7		8	
	1		2		2	
	31		36		38	

図53 ● 5ヵ年事業計画事例

				第10期		第11期	
				20●●/4～20●●/3		20●●/4～20●●/3	
① 売上高			前年比	1,025		1,144	111.6%
売上内訳	商品別	イ商品		358	34.9%	367	32.1%
		ロ商品		264	25.8%	341	29.8%
		ハ商品		204	19.9%	164	14.3%
		ニ商品		143	14.0%	150	13.1%
		ホ新商品		56	5.5%	112	9.8%
		ヘ新商品		0	0.0%	10	0.9%
		ト新商品		0	0.0%	0	0.0%
	エリア別	Aエリア		584	57.0%	588	51.4%
		Bエリア		343	33.5%	368	32.2%
		Cエリア		98	9.6%	142	12.4%
		Dエリア		0	0.0%	46	4.0%
		Eエリア		0	0.0%	0	0.0%
② 原価				649	63.3%	722	63.1%
③ 粗利益			①－②	376	36.7%	422	36.9%
④ 人件費				208	20.3%	226	19.8%
⑤ その他経費				152	14.8%	164	14.3%
⑥ 販管費計			④＋⑤	360	35.1%	390	34.1%
⑦ 営業利益			③－⑥	16	1.6%	32	2.8%
⑧ 営業外収益				1	0.10%	1	0.09%
⑨ 営業外費用				8	0.78%	8	0.70%
⑩ 経常利益			⑦＋⑧－⑨	9	0.9%	25	2.2%
⑪ 労働分配率			④／③	55.3%		53.6%	
⑫ 1人当たり粗利益額			③／⑭	15.0		15.6	
⑬ 1人当たり人件費			④／⑭	8.3		8.4	
人員計画（単位：人）	営業			18		20	
	販促・マーケティング			1		1	
	業務			5		5	
	総務・経理			1		1	
	⑭	合計		25		27	

④「人材育成目標」を明確にして理想の人材を育てる

会社の「ビジョン」を実現するためには社員全員が成長しなければなりません。そのためにはどんな人材に成長する必要があるのかを明確にすることが大切です。これを「人材育成目標」として「経営計画」に盛り込み、明示します。

方法としては「現状の人材レベル」を分析したうえで「5年後の社員人材像」を定めます。そして、そこに到達するための取り組みを「ギャップを埋めるために必要な課題」として明示します。この3つの要素で社員に現状と成長目標を把握してもらい、成長の必要性も実感してもらうのです。

8 現状の人材レベル

社員の現状、「強み・長所」「弱み・短所・課題」を洗い出す。「実務面」と「意識面」「強み」と「課題」として次ページにあるような表を作成し、社員に意識づけをうながす。

9 5年後の社員人材像

「5カ年事業計画」を達成し、「ビジョン」に到達するためには、どういう人材に成長してもらう必要があるのかを明確にしたもの。「全社員」と「リーダー」それぞれに求めるレベルを設定する。「全社員」は7～10項目、「リーダー」に対しては5項目程度でまとめる。

「現状の人材レベル」と「5年後の社員人材像」の間にある差を埋めるためには、会社としてどんなことに取り組んでいく必要があるのかを明確にしたもの。

10 ギャップを埋めるために必要な課題

この「人材育成目標」は、一般的な「経営計画」には盛り込まれていない場合が多いです。

しかし、繰り返しますが、**「ビジョン」を実現するためには人材の成長が不可欠**です。ここを明確にしていないと、成長に向けた具体的な取り組みは個人まかせ、あるいは上司のレベルや考え方によってまちまちなってしまいます。結果として、会社が必要とする人材レベルへの成長スピードを鈍化させてしまいます。

具体的な「人材育成目標」を次に作成する「評価基準」に落とし込み、人事評価制度を運用することで全社員を理想の人材に導いていけるのです。このように「人材育成目標」は非常に重要な要素ですので、必ず「経営計画」に盛り込んでください。

図54 ● 現状の人材レベル

社長・幹部・リーダーが考えたものを一覧にする

強み・長所

- 明るい
- 元気
- チームワークがよい
- 真面目
- 指示すればできる
- 素直
- 多くの仕事をこなす

弱み・短所・問題点

- マイナス思考
- 自己啓発していない
- 報･連･相が遅い
- 自責で物事を考えない
- 整理整頓ができない
- 指示待ちが多い
- ネガティブな言動が多い
- 商品知識がない
- 地域に貢献できていない
- 仕事の段取りが悪く、効率が悪い
- 時間管理ができない
- 数字に弱い
- 目標への執着心が弱い
- 継続性がない
- 向上心が低い
- 部下にまかせきり
- 部下指導不足
- 放任している

整理し、自社の現状としてまとめる

「ビジョン実現シート」8に反映

強み

意識面
- 明るく元気があり前向き
- 真面目な人が多い
- 協調性がある
- 責任感がある

実務面
- 複数業務をこなせる
- 指示されたことはすぐやる

弱み

意識面
- マイナス思考
- 指示待ちが多い
- 自己啓発意識が低い
- 自責で物事を考えない
- 危機意識がない
- 目標への執着心が弱い
- 地域貢献意識の不足
- 継続性がない

実務面
- 報・連・相が遅い、不足
- 整理整頓ができない
- スケジュール管理ができない
- PDCA がまわせない
- 数字に弱い
- プロとしての商品知識が少ない
- 部下指導不足

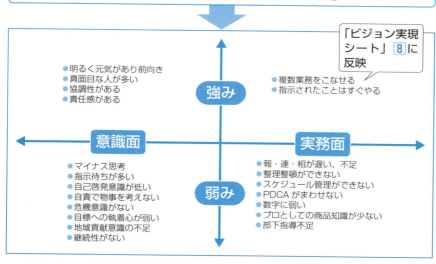

図55 ● 5年後の社員人材像

5カ年事業計画
ビジョン
戦略
— 実行実現のために不足しているもの

現状の人材レベルで解決してもらう必要があるもの

↓

リーダー	経営者意識、理念の理解と実践、目標達成の意欲、リーダーシップ、やりきる力、チャレンジ、本気度、危機意識、部下のお手本
全社員	理念の理解、チャレンジ、情熱·熱意、積極性、プラス思考·言動、提案・企画力、アイデア、素直

↓

関連するキーワードを統合しながら文書にまとめる

「ビジョン実現シート」9に反映

↓

リーダー	●理念・ビジョンを部門に浸透させることができる人材
	●目標の達成に向けて、部門をまとめ導くことができる人材
	●戦略・アクションプランを実践することで成果を出せる人材
	●何事にも情熱をもってのぞみ、まわりに影響を与えられる人材
全社員	●理念を理解し実践できる人材
	●目標に対して執着心をもって取り組める人材
	●自発的に考え、行動できる人材
	●改善を繰り返し、つねに向上を目指す人材
	●プラス思考で、積極的に課題解決にチャレンジできる人材
	●仕事に熱意をもってのぞみ、最後までやりきる人材

図56●ギャップを埋めるために必要な課題

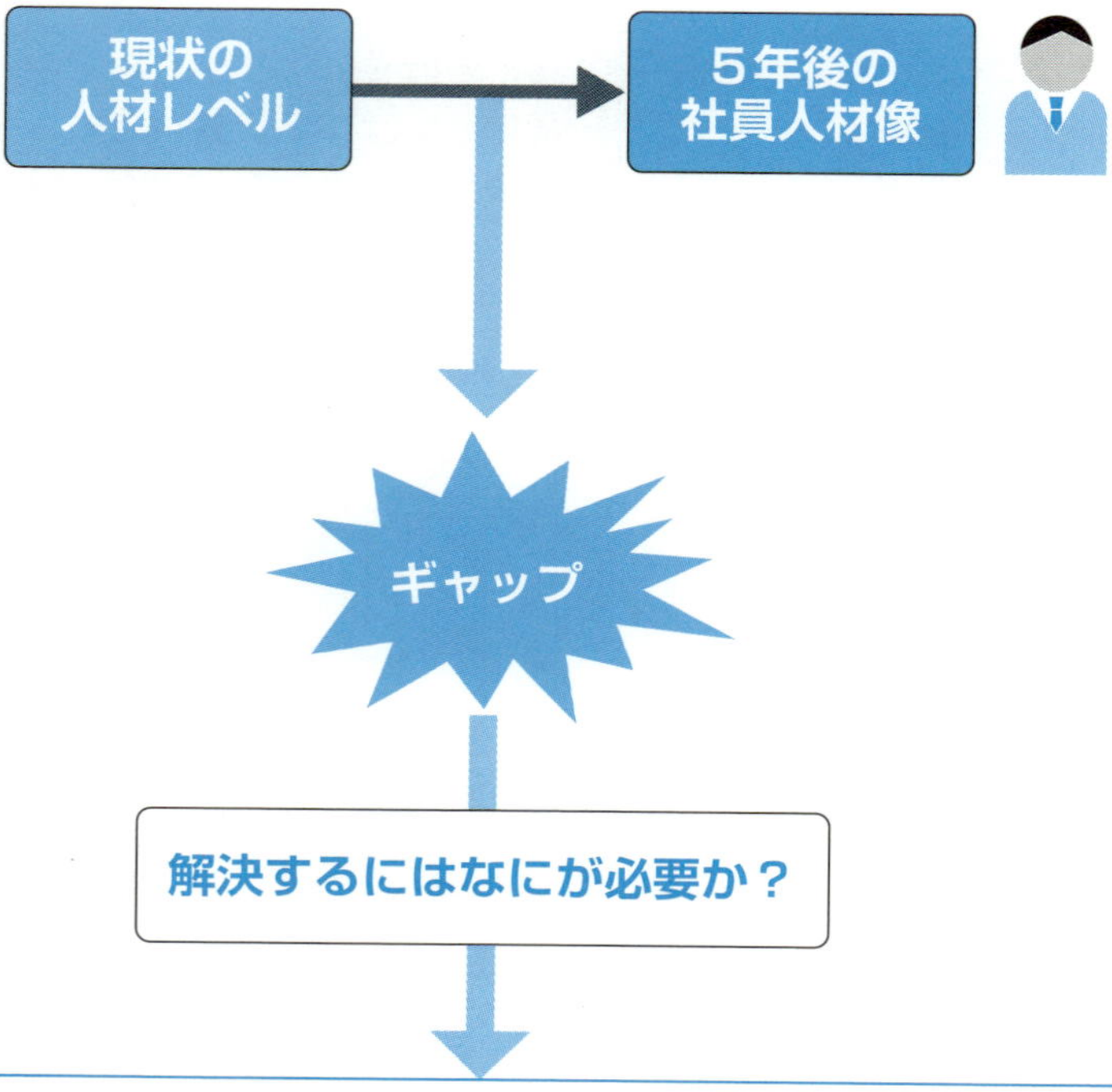

リーダー	●理念にもとづいた指導ができる
	●目標を最後まで達成しようとする執着心
	●PDCA を精度高くまわせる力
	●ヒト・モノ・カネ・情報を活用できるマネジメント力
全社員	●成長に向けてチャレンジしている
	●数字を根拠に物事を考えられる
	●計画とスケジュール管理ができる

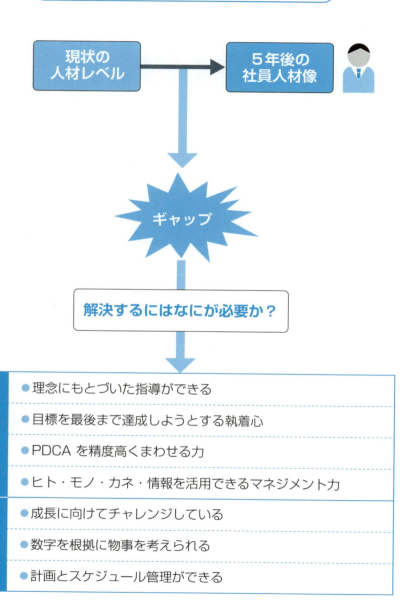

3

ステージ2 「評価制度」をつくる

社員を「理想の人材」に育てる「評価制度」のつくり方

「経営計画」で掲げた「5年後の社員人材像」に向かって社員が成長していくために必要なのが**「評価制度」**です。

「評価制度」の目的は、会社の理念の実現に向けた目標を達成できる人材づくりです。とくに、184ページで中小企業の課題としてあげた、**リーダーに欠けている2つの力のうちのひとつ「部下を育成する力」を身につけることができます。**中小企業のリーダーは「評価制度」とステージ4で解説する「アクションプラン」を通じて、リーダーとして必要な実力や〝部下指導力〟を十分身につけることができます。社外の研修会社や公的団体、銀行などが提供しているリーダー向けの研修や教育を受ける必要はありません。

これは私自身が約19年間、中小企業のリーダーと向きあってきた実体験から断言できます。ただ、そのためには、まずステージ1で作成した「経営計画」をもとに、理想の人材の育成に必要な要素を盛り込んだ「評価基準」とすることが重要です。

図57●「評価制度」の目的

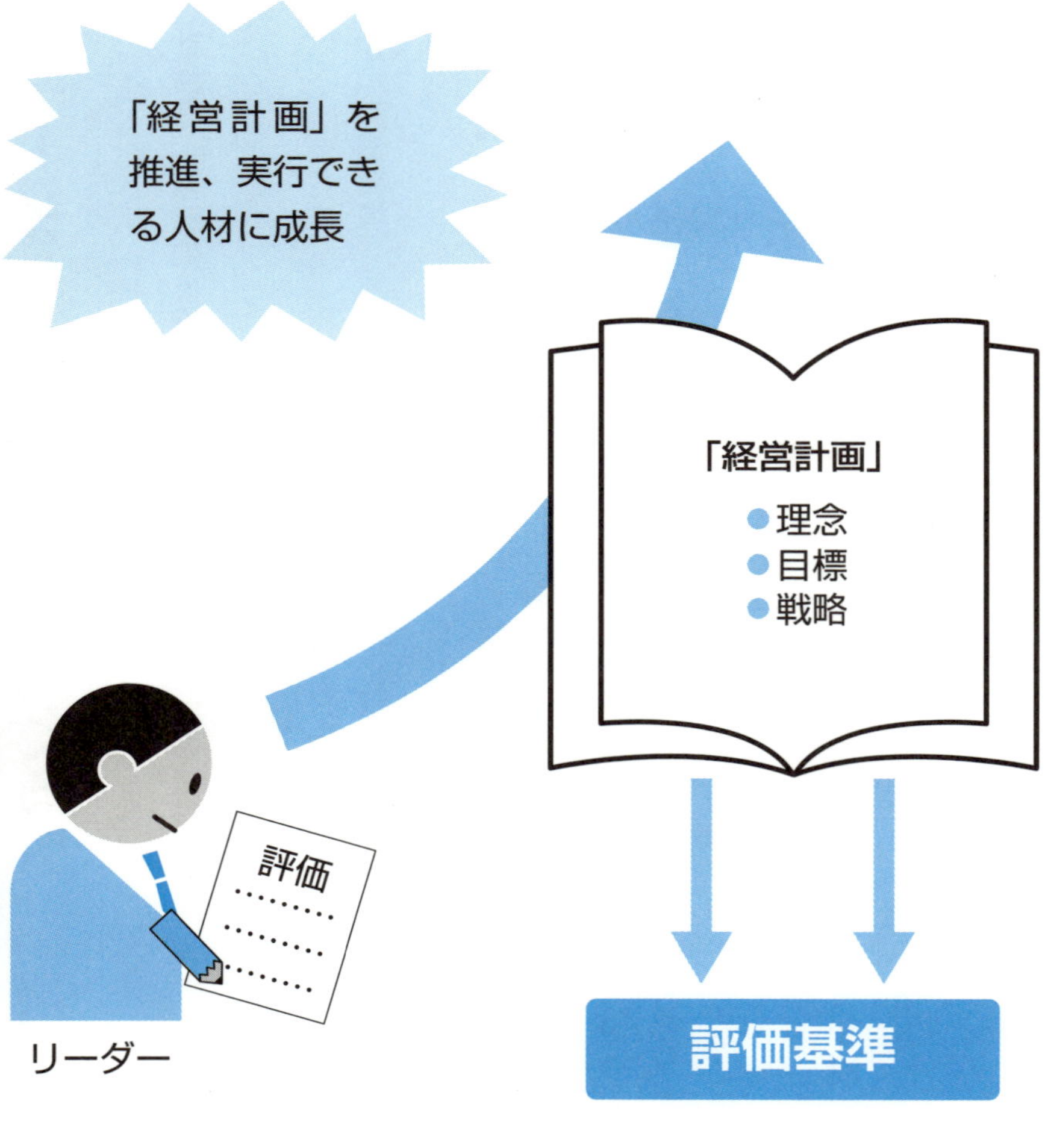

「評価制度」を通じて、部下を会社の理念・目標に導けるリーダーを育成する

①「経営計画」を「評価基準」に落とし込む

まず、「経営計画」の推進を実現できる人材づくりのために、「経営計画」から次の4つの要素を「評価基準」に落とし込みます。

・5カ年事業計画
・戦略
・ギャップを埋めるために必要な課題
・行動理念

ひとつずつ説明していきましょう。

(1)「5カ年事業計画」でつねに社員が目標を意識する

「5カ年事業計画」の業績数値目標から**会社の目標達成のために必要な項目を評価基準の「業績評価項目」に設定**します。全社員が目指すべき数値目標を明確にして、いつも意識しながら仕事に取り組むことによって、個人の目標達成から会社の目標達成に結びつけていくためです。

具体的には、**「売上高」「粗利益」「経常利益」**、さらにはそれを達成するために必要な**「新規**

開拓数」や**「顧客単価」**など、**数値として目指すべき目標はすべてこの「業績評価項目」に盛り込みます。**業種や職種によっても異なりますので、「評価基準」は職種別に作成します。

各職種、部門別の「業績評価項目」の事例を次にご紹介しておきますので参考にしてください。

【営業職（部門）の「業績評価項目」】

「売上高」「売上高前年比伸び率」「粗利益（率）」「新規開拓件数」「顧客単価」「契約件数」「契約決定率」「企画提案件数」「訪問件数」「経費」「クレーム件数」など。

【販売職（部門）の「業績評価項目」】

「売上高」「売上高前年比伸び率」「粗利益（率）」「新規来店客数」「顧客単価」「商品購入点数」「人件費比率」「経費」「クレーム件数」「在庫回転率」など。

【製造職（部門）の「業績評価項目」】

「生産高」「原価削減率（額）」「生産高／一人当たり」「リードタイム」「歩留り」「設備稼働率」「ヒヤリハット提案件数」「改善提案件数」「製品クレーム件数」など。

【企画職（部門）の「業績評価項目」】

「開発商品売上高（販売個数）」「在庫回転率（期間）」「販促費用対効果」「企画・商品提案件数」など。

【総務・人事職（部門）の「業績評価項目」】

「研修実施回数」「マニュアル改善件数」「採用者数」「退職者数（率）」「改善提案件数」など。

【経理職（部門）の「業績評価項目」】

「経費削減額（率）」「月次決算完了日」「改善提案件数」など。

このように、会社の目標達成に貢献する数値項目はすべて「業績評価項目」として評価基準に盛り込みます。

また、こうした数値目標を全社、部門（店舗・営業所など）、個人の3つの視点で社員の業績評価項目を作成します。こうすることで、全社員が会社や部門の業績をつねに意識しながら、チームワークを駆使して行動する組織をつくることができるのです。

図58●会社の目標達成のために必要な部門や個人の数値目標を業績評価項目にする

現　状

- 売上　1,000百万円
- 粗利益　400百万円（40%）
- 営業利益　100百万円（10%）
- 経常利益　80百万円（8%）

（利益率）

それぞれの項目の合計値が上まわるように設定

法人営業部目標

- 売上　700百万円
- 粗利益　245百万円(35%)
- 営業利益　56百万円(8%)

個人営業部目標

- 売上　350百万円
- 粗利益　157百万円(45%)
- 営業利益　35百万円(10%)

それぞれの項目の合計値が上まわるように設定

法人営業部社員目標

（単位：百万）

	売上	粗利益
Aさん	220	77
Bさん	190	67
Cさん	120	42
Dさん	85	30
Eさん	50	18
Fさん	35	12

個人営業部社員目標

（単位：百万）

	売上	粗利益
Gさん	80	35
Hさん	70	32
Iさん	55	25
Jさん	40	10
Kさん	35	16
Lさん	25	11
Mさん	25	11
Nさん	25	9

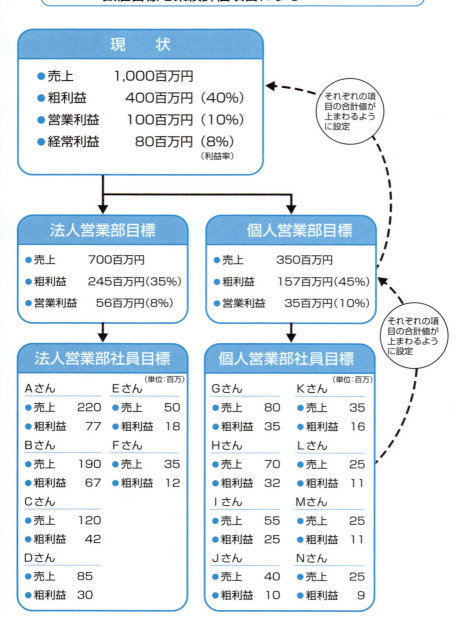

（2）「戦略」を実行し、成果を出せる人材をつくる

次に、「戦略」からこれを実行するために社員に求める行動、役割に落とし込みます。

たとえば、ある会社が顧客からの受注をアップするために、「営業プロセスの標準化」に取り組むという「戦略」を推進しているとしましょう。この場合、どのように評価基準をつくればよいでしょうか、実際に評価基準を作成してみましょう。

まず、評価項目を「営業活動」とし、そのために求められる役割を社員のレベルごとに求めていきます。たとえば、こんな具合です。

【入社して1年以内の社員】

営業プロセスを理解し、上司の指示どおりに行動することができていた。

【一人前の営業社員】

営業プロセスにそって活動を行ない、決められたルールどおりに進捗状況を報告できた。

【中堅営業社員】

「一人前」の仕事内容が行なえていた。

営業プロセスを通じて得た成功・失敗体験を部署全体で共有していた。

後輩に対してアドバイスができていた。

【リーダー営業社員】

「中堅社員」の仕事内容が行なえていた。

部下と定期的にミーティングの場をもち、指導を行なっていた。

【マネジメント営業社員】

統括する部門（部署・店舗）の部下全員が営業プロセスにそって行動することができていた。

部下それぞれの得意、不得意を把握し、指導、改善させることで部門全体の成果を高めていた。

こうして会社が実行すべき「戦略」を具体的な行動レベルに落とし込み、評価基準で社員全員に示します。これらを「成果評価項目」として評価基準にまとめます。

図59 ● 戦略から評価基準への落とし込むことで成果が出せる人材を育成

戦　略

営業プロセスの標準化

社員に求める行動と役割

評価項目

営業活動

→ **マネジメント営業社員**
- 統括する部門（部署・店舗）の部下全員が営業プロセスにそって行動することができていた
- 部下それぞれの得意、不得意を把握し、指導、改善させることで部門全体の成果を高めていた

→ **リーダー営業社員**
- 部下と定期的にミーティングの場をもち、指導を行なっていた

→ **中堅営業社員**
- 営業プロセスを通じて得た成功・失敗体験を部署全体で共有していた
- 後輩に対してアドバイスができていた

→ **一人前の営業社員**
- 営業プロセスにそって営業活動を行ない、進捗状況を決められたルールどおりに報告できた

→ **入社して 1 年以内の社員**
- 営業プロセスを理解し、上司の指示どおりに行動することができていた

(3)「ギャップを埋めるために必要な課題」で理想の人材に必要な能力を身につける

「経営計画」で「5年後の社員人材像」が明確になりました。この理想の人材にステップアップしてもらうために必要な要素が**「ギャップを埋めるために必要な課題」**です。

これらを解決できるように、必要なスキルや能力を「能力評価項目」として「評価基準」に盛り込み、成長を支援していきます。このために必要な評価項目は、**「報告・連絡・相談」**や**「改善・提案力」「スケジュール管理」「部下育成指導力」**などが一般的です。

どんな会社でも必要となる場合が多いですが、それぞれの会社の現状に応じて前項と同様、社員の階層ごとに役割とレベルをわかりやすく表現しましょう。

(4)「行動理念」を「評価基準」に落とし込み、会社の考え方を全社員で実践する

「行動理念」に直結する仕事上での役割、社員に求める行動を「評価基準」に定めます。

「お客様に感動をお届けするために技術とサービスをみがき続けます」という行動理念に対して、どのような「評価基準」を作成したらよいのか、実際に考えてみましょう。

たとえば、「技術力を身につけるために、自己投資を行ない、具体的な知識やスキルの習得に取り組んでいた」と定めた場合、〝どんな自己投資を行なったか〟〝身につけた、あるいは取

り組んだ具体的な知識やスキルはなにか〟という点が評価の着眼点となります。

では、「チームワークを重視し、組織力で最大の成果を目指します」という行動理念からは、どんな評価基準が考えられるでしょうか。

「部門のメンバーの状況を把握するように努め、悩みや課題を抱えた人がいた場合は声をかけ、サポートしていた」としたなら、〝まわりをいつも気遣っていたか〟〝周囲を気にして声をかけていたか〟〝他人のサポート、支援はどんなことを行なったか〟などが評価の判断の根拠となるでしょう。

こうして、「行動理念」に直結する行動を「情意評価項目」として評価基準を作成します。

「行動理念」は「経営理念」を実現するために全社員に実践してもらわなければならない重要な視点です。

自社の「基本方針」の実行につながっているのかを、「評価制度」を運用しながら確認し、内容を改善、成果を高めていきましょう。

4

ステージ3「評価制度」を運用する

部下育成ができるリーダーをつくる運用の5ステップ

「評価制度」運用の5ステップ

評価者は「評価制度」の運用を通じてリーダーとして重要な能力、部下育成指導力を身につけることができます。いいかえると「安心して評価の運用をまかせることができるリーダー」に育つことで「部下育成をまかせられるリーダー」となるのです。

そのためには〝「評価制度」運用の5ステップ〟を通じて、社員育成のPDCAサイクルをまわしていきます。最終的には、リーダーが主体的にこのPDCAをまわしていくことで自分のチームの目標達成に向けてメンバー全員を導いていける状態を目指します。

次ページからそれぞれのステップでリーダーの育成につながるポイントを明記しています。このプロセスも約19年間中小企業の現場で実践し、試行錯誤を繰り返しながら完成した、もっとも成果につながりやすい型となっていますので、必ずこれにそって実践してください。意外と陥りがちな評価の間違いに気づくはずです。

[ステップ1] 評価の実施

評価者(リーダー)が評価基準にもとづき、被評価者(部下)の評価を行ないます。

被評価者も自分自身の行動を振り返り、自己評価を行ないます。

■ポイント

評価は必ず、「本人」「直属の上司」「その上の上司」の3者(以上)で行なう

評価者は、それぞれ別シートで評価を実施する。

上司、自己評価は必ず判断理由を具体的に記入する。

行動評価は「A、B、C」の3段階で判断する。

業績評価は「SS、S、A、B、C、D、E」の7段階で判断する。

[ステップ2] 育成会議

[ステップ1]で行なった評価の評価点を集計し、評価結果も出して3者分を一枚のシートにまとめます。これをもとに評価者同士で評価結果を議論したうえで相違点を統一し、評価を決定します。また、評価結果をもとに、部下の次の評価までの間にチャレンジしてもらう目標を共有します。

■ポイント

「直属の上司」「その上の上司」「コーディネーター（社長、人事役員など）」の3者（以上）ですり合わせを行なう。

「コーディネーター」が主導し上司二人のバラツキをそれぞれの判断理由をもとに議論したうえで統一し、評価を決定する。

次のステップ、育成面談で本人に伝え、課題を成長のためにチャレンジしてもらう課題を上司二人で共有する。

［ステップ3］育成面談

評価結果を伝え、次の成長に向けた目標をリーダーと本人で共有します。

■ポイント

必ず事前に「育成面談シート」を作成し、面談ストーリーを文章化、明確にしたうえで実施する。

上司二人が同席したうえで、直属の上司がメインで行なう。

成長目標を3つ決め、三人で共有する。

［ステップ4］成長目標設定

「チャレンジシート」を使って、本人がステップ3で決めた目標をもとにそのレベルとプロセスを決め、記入します。

直属の上司が確認し、アドバイスを行ない、必要があれば修正します。

■ポイント

目標項目は3つに絞る。

目標をどこまでやるのか、ゴールを明確に設定する。

実行手順を具体的に手順化し、明記する。

いつまでにどういうプロセスで実行するのかスケジュールを明確にする

［ステップ5］チャレンジ面談

ステップ4で決めたプロセスの進捗状況、達成度を確認し課題を共有。アドバイスを行ないます。

■ポイント

直属の上司が主導し、実践する。

毎月必ず実施する。

面談時間を10分に決める。

毎月の「チャレンジシート」提出と面談のスケジュールをつくり、面談実施日時も事前に決める。

この5つのステップを自らまわすことができるようになれば、リーダーとして必要な部下育成指導力を身につけたといえます。

なぜなら、5ステップを推進できるということは部下の仕事ぶりをしっかり観察し、適正な評価が行なえ、部下のやる気を引き出す面談ができて、部下のレベルに応じた成長目標が設定でき、支援しながら達成に導けるリーダーになっているということだからです。

部下の育成においては完璧なリーダーだと思いませんか？

なお、ステージ2と3の「評価制度」の作成と運用については、拙著『小さな会社の人を育てる「人事評価制度」のつくり方』（あさ出版）で、そのまま活用できるツールなどもご紹介しながらくわしく解説しています。

図60●「評価制度」運用の5ステップ

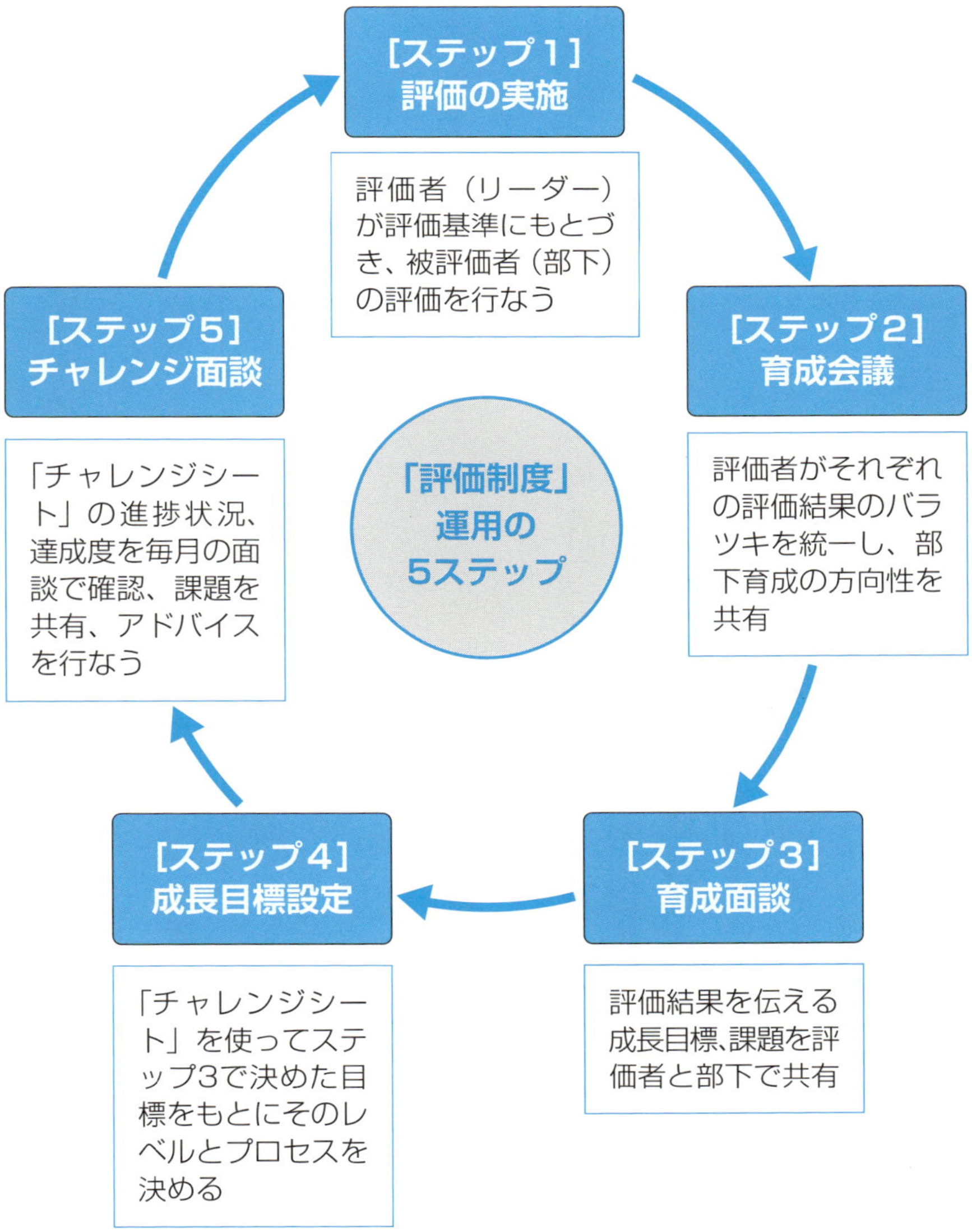

5

ステージ4「経営計画」はアクションプランで推進する

部門マネジメントができるリーダーをつくるアクションプラン会議

「経営計画」を実現するプロセスは「戦略」として「経営計画」の中で明確にされています。その運用をリーダーにまかせることで、戦略推進・進捗管理を行ないながら目標達成に向けた部門マネジメントができるリーダーを育てることができます。

では、具体的にどのように運用すれば、そのような理想のリーダーが育つのでしょうか。

たとえば、「お客様との関係性を強化することで圧倒的なファンを育成する」という「戦略」を立案したとしましょう。しかし、「戦略」を明示しただけで、あとはリーダーまかせという中小企業が多いのも事実です。大変残念なことですが、それでは実践までは行きつきません。成果が出ることもないでしょう。なぜなら**中小企業のリーダーは「戦略」を実践に結びつける手法や管理方法を学んだことがないため、どこから手をつけたらよいのかわからない**のです。

これを解決するのが「経営計画」の運用、「アクションプラン」の推進です。

このプロセスどおりに実践することで、「戦略」を推進するときのポイントや手順とその管理方法を身につけてもらうことができます。

先ほどの「お客さまとの関係性を強化することで圧倒的なファンを育成する」という「戦略」に対して、具体的に「関係性の強化」のためになにを、どういう手順で、どのレベルまで実行するのか、どんな成果を得ればよいのかといった事項を具体的に決めて一覧表に明記するのです。

これらをまとめたものが次ページの「戦略・アクションプラン推進表」です。

「アクションプラン会議」が「戦略」を成果に導く

「アクションプラン」の運用にもPDCAが必要不可欠です。このPDCAをリーダーたちがまわせるようにするために「アクションプラン会議」という社長・リーダーが参加し、アクションプランの進捗状況を確認しながら改善を推進する会議を毎月開催します。

各アクションプラン担当者から前月の実行状況や課題を報告してもらい、参加者全員で共有したうえで推進をサポートします。実行できているものに関しては効果検証を必ず行ない、効果を高めるための改善もみんなで意見を出しあいながら行ないます。

自らこれらを推進できるリーダーとなれば、安心して組織運営はまかせられるはずです。

進捗管理									
	4月	5月	6月	7月	8月	9月	10月	11月	12月
推進スケジュール	①顧客データ入力、整理	②顧客ランク指標の検討、決定	③顧客ランクマトリクス作成 ④コミュニケーションの検討	⑤ランクごとのコミュニケーション実施ルール検討、決定 ⑥コミュニケーション実施			⑦顧客ランク推移状況の把握 ⑧コミュニケーション追加、改善 ⑨成功事例の共有		
実施									
課題共有									
推進スケジュール	……… ……… ………	……… ……… ………	……… ……… ………	……… ……… ………	……… ……… ………	……… ……… ………	……… ……… ………	……… ……… ………	……… ……… ………
実施									
課題共有									

図61●戦略・アクションプラン推進表

分類	戦略NO	戦略内容	AP NO	アクションプラン（実行項目）	成果指標	推進手順	【推進責任者】担当者
顧客戦略	1	お客様との関係性を強化することで、圧倒的なファンを育成する	(1)	お客様ランクの設定とコミュニケーションルールの実践	VIP客数30%アップ	①顧客データ入力、整理 ②顧客ランク指標の検討、決定 ③顧客ランクマトリクス作成 ④コミュニケーションの検討 ⑤ランクごとのコミュニケーション実施ルール検討、決定 ⑥コミュニケーション実施 ⑦顧客ランク推移状況の把握 ⑧コミュニケーション追加、改善 ⑨成功事例の共有	【山田部長】
			(2)	VIP客イベント企画、推進	…………… …………… ……………	…………… …………… ……………	

山 元 浩 二（やまもと　こうじ）

日本人事経営研究室株式会社代表取締役。1966年福岡県飯塚市生まれ。成蹊大学卒業後、大手地方銀行入行。新規開拓先進者として活躍、行内ナンバー1の実績を残す。銀行退職後、コンサルティング会社で経験を積み、独立。2001年の創業以来、成長を続けている。人事評価制度改革に関わった490社のコンサルティング実績を生かし、独自の「ビジョン実現型人事評価制度」を確立。人事評価制度の導入、運用に失敗した中小企業の救世主的存在になっている。著書に『改訂版　小さな会社は「人事評価制度」で人を育てなさい!』（KADOKAWA/中経出版）、『図解　3ステップでできる!　小さな会社の人を育てる「人事評価制度」のつくり方【CD-ROM付】』『【CD-ROM付】小さな会社は「経営計画」で人を育てなさい!』（以上、あさ出版）などがある。

小《ちい》さな会社《かいしゃ》の〈人《ひと》を育《そだ》てる〉賃金制度《ちんぎんせいど》のつくり方《かた》

「やる気《き》のある社員《しゃいん》」が辞《や》めない給与《きゅうよ》・賞与《しょうよ》の決《き》め方《かた》・変《か》え方《かた》

2019年 2 月20日　初版発行

著　者　山元浩二
発行者　吉田啓二

発行所　株式会社日本実業出版社　東京都新宿区市谷本村町3−29　〒162-0845
大阪市北区西天満 6 − 8 − 1　〒530-0047
編集部　☎03-3268-5651
営業部　☎03-3268-5161　振　替　00170-1-25349
https://www.njg.co.jp/

印刷／厚 徳 社　　製本／共 栄 社

この本の内容についてのお問合せは、書面かFAX（03−3268−0832）にてお願い致します。
落丁・乱丁本は、送料小社負担にて、お取り替え致します。

ISBN 978-4-534-05665-8　Printed in JAPAN